JN061547

英語なんか
こわくない

本来　人間は　誰でも

多言語を習得できる能力を持っている

楠山　正典著

Everybody has the ability
to speak English.

はじめに

　英語のために多くの時間を費やした人は多い。だが、英語が話せるようになった人は少ない。

　そして、今、英語の必要性は、数年前と比べても格段に拡大している。

　ところが、英語の学習が好きと答えた小学6年生が減っている。文部科学省の調査によれば、2013年度は「そう思わない」と「どちらかといえば、そう思わない」の合計が24％だったが、2021年度は32％になった。

　そこで「英語好き」になるには、どうすれば良いかを一緒に考える。

　そのコンセプトは、次の通りだ。

◆ 受験のための煩わしい文法事項は、最小限にして、実際に話せるようになるための学習方法を考える。

◆ 英語に興味をもち、学ぶ意欲が自然と生まれる内容を目指す。

◆ 外国語を学習することにより、日本語を含めた豊かなコミュニケーション能力を身につける。

　　　　本来 人間は 誰でも
　　多言語を習得できる能力を持っている！
　　　　　　　　　2024年1月　楠山正典

この本の使い方

　生成AIなどが英会話練習の相手として普及すると、英語に対する深い理解を求める人が必ず現れる。

　そこでは、誰もが直面する素朴な疑問に向き合い、納得のいく説明を展開できる本が求められる。

　この本は、中学生が抱く疑問にフォーカスして書いた。

　以下に、この本の使い方を説明する。

　英語の世界の全体像を把握するために、まず、気楽に、一通り読んでほしい。

　その理由は、文法などをバラバラに勉強しても効果は期待できない。全体の中の位置づけが明らかになると、個々の内容を深く理解できるようになる。

　この本は受験目的ではないので、覚える必要は一切ない。

　君の頭の中に「英語の世界」を構築することだ、すなわち「英語を話すための骨格」「文法として体系化された英語の時制」など。それは、覚えることではない、考えることだ。そして、スピーキングを楽しむことだ。

　なお、本物の英語、すなわち、英語のリズム、シンプルな表現、文化的な背景など。これらは、ネイティブと会話することにより得られるはずだ。この本を活用して、本物を目指してほしい。

CONTENTS

プロローグ　どうしたら楽しく学べるか

　教科としての国語が苦手な子どもがいる。そんな子どもほど、日本語を不自由なく話せるだけでなく、コミュニケーション能力が高かったりする。

　日常会話では、文法のことを考えながら話している人など、一人として見たことはない。

　ところが、英語となると、あれこれ、文法上の細かいことを考え始め、迷っているうちに、会話が先に進んでしまい、苦い経験をした人もいるにちがいない。

　なぜ、幼児は、文法などを教えてもらっていないのに、3才位で、母国語が話せるようになるのか。

　その主な理由の1つが、赤ちゃんは、母親とのコミュニケーションの必要性から、言葉を必死に覚えようとする。

　最初は、ぎこちなく、不完全でもあるが、試行錯誤を繰り返していくうちに、自然に完成されていく。

　もう1つが、この本の主題でもある「本来、人間は誰でも、多言語を習得できる能力を持っている」に行きつく。

　それは、人間には、その育った言語環境によって、日本語、英語、中国語など、どんな言語でも、習得できる能力を備えているからにほかならない。

　この潜在能力を発揮させる方法は、ただ一つ。

　それは、自分の気持ちを伝える「スピーキングの実践」を続けること…「多言語を習得できる能力」を目覚めさせ

ること…　日本語脳、英語脳など。

　どんなに努力しても話せるようにならなければ、楽しくない。楽しくなければ、続かない。

　そこで、楽しく学べて、効果が実感できる学習法はないかと、それを探し続けた。

＊＊＊＊＊＊＊

　それを「音声言語の基礎」「発音の探求」「英語の基本」「文を広げる」「その他の重要事項」の５つにまとめた。

Ｉの部「音声言語の基礎」では…

　最初に、音声言語の起源をたどり、多彩な価値観を支える多言語社会の未来を展望する。

　ここで、日本語、英語などの音声言語と、それを巧みに使いこなすことを可能とする「言語処理脳」との関連を明らかにする。

　次に、外国語を「何のために学ぶのか」を確認する。

　　◆　活躍の舞台が広がる

　　◆　価値観が深まる

　　◆　言語の総合力が磨かれる

　そして、君たちが英語嫌いにならないために、外国語を楽しく学ぶためのポイントを整理する。

　　◆　自分に合ったアプローチ

　　◆　耳を慣らす

　　◆　言語処理脳を磨く

◆ 少ない単語による多彩な表現

◆ 状況に応じた言語力

最後に学習効果を上げるために、英語の特徴を3つに絞って掘り下げる。

◆ 英語はシンプルな表現を指向

◆ 英語は「配置の言葉」

◆ 英語はリズム

Ⅱの部「発音の探求」では…

まず、言語を正しく発音するための土台となる「音素と音節」を理解する。

これにより、英語と日本語との発音の根本的な違いを会得する。

また、ネイティブの子どもであれ、日本の小学生であれ、英語の学習で、つまずくのが、発音とスペリングが食い違うことだ。

この不一致問題を乗り越えるには、脳の中に、音声の世界と文字の世界が結びつく現象を起こすことだと考える。

その時期、その方法も個人によって異なるが、次の3つを実践することが重要となる。

◆ 音声とスペリングの関係ルールを理解する。

◆ 音読で、話す力と聞く力を同時に鍛える。

◆ 頭脳に、正しい語順をしみ込ませる。

Ⅲの部「英語の基本」では…

　英語の基本は、動詞を深く理解することから始まる。それは、動詞が文型などの語順を決める司令塔の役割を果たしているからにほかならない。

　そのため、主語と動詞さえ理解できていれば、残りの部分が多少あいまいであっても、何とか会話は成立する。

　逆に、適切な主語と動詞がタイムリーに出てこないと、言葉を発する機会さえも失われる。

　また、日本語では、主語を意識しないで会話しているためか、なかなか、文の先頭となる主語がスムーズに出てこないことも多い。

　そこで、これらの問題を解決するために、基本となる文型や完了形・進行形・助動詞・句動詞などを含めた動詞の役割を中心に「英語を話すための骨格」を理解する。

Ⅳの部「文を広げる」では…

　英語は、とてもシステマティックな言語となっている。そのため、文を階層的に組み上げる技術さえあれば、いくらでも、文をロジカルに広げることができる。

　まず、最初にすべきことは、文の骨格である基本３文型に加え、伝えるための情報のエッセンスが凝縮されたSVOO・SVOC文型を自分のものにする必要がある。

　しかも、とても素晴らしいことに、英語には、文を広げる仕組みが、以下のように用意されている。

11

◆ 前置詞は、位置関係などを表す「小さな単語」にすぎないが、前置詞句を作り名詞と動詞を修飾する。

◆ 「to＋動詞」の形をした不定詞は、動詞、名詞や文と結びつくことによって、名詞的・形容詞的・副詞的な役割を演じる。

◆ 一つの単語が動詞の意味と形容詞の働きを分け持つ現在分詞・過去分詞は、形容詞句を作って名詞を修飾したり、SVC・SVOC文型で補語の働きをする。

◆ 等位接続詞は、対等な関係にあるものを結びつけ、従位接続詞は、補足情報の文をつなぐ役割をしている。

Ⅴの部「その他の重要事項」では…

本の構成上、これまで取り上げてこなかった事項、すなわち、される文、比較表現、命令文、感嘆文、話法、仮定法（現実とは違うことを語る）、分詞構文を理解する。

プロローグ　了

Ⅰの部

音声言語の基礎

最初に、音声言語の起源をたどり、多彩な価値観を支える多言語社会の未来を展望する。

　ここで、日本語、英語などの音声言語と、それを巧みに使いこなすことを可能とする「言語処理脳」との関連を明らかにする。

　次に、外国語を「何のために学ぶのか」を確認する。

- ◆ 活躍の舞台が広がる
- ◆ 価値観が深まる
- ◆ 言語の総合力が磨かれる

　そして、君たちが英語嫌いにならないために、外国語を楽しく学ぶためのポイントを整理する。

- ◆ 自分に合ったアプローチ
- ◆ 耳を慣らす
- ◆ 言語処理脳を磨く
- ◆ 少ない単語による多彩な表現
- ◆ 状況に応じた言語力

　最後に学習効果を上げるために、英語の特徴を3つに絞って掘り下げる。

- ◆ 英語はシンプルな表現を指向
- ◆ 英語は「配置の言葉」
- ◆ 英語はリズム

（プロローグより転記）

1章　言語処理脳

　コミュニケーションとは「人間が、お互いに意志・感情・思考を伝達し合うこと」であるが、音声言語の力なくして伝えることはできない。

　そこで、音声言語の基礎を次の3つの視点から理解する。

　この優れた音声言語を人類がどのように獲得していったのか、その起源をたずねる。

　そして、多様性を支える多言語社会の未来を展望する。

　最後に、地球には、日本語、英語、中国語などの様々な音声言語が存在するが、それを巧みに使いこなすことを可能とする言語処理脳の秘密に迫る。

1 音声言語の起源

　二足歩行を始めた人類は、より自由に手が使えるように
なると、多彩なジェスチャーを行うようになる。

　そして、様々な発声が可能となると、そのジェスチャー
に「規則性のある発声」が伴うようになる。

　ついに、10万年前に奇跡的な進化が起こった。

　好奇心あふれる人類が、音声言語を獲得する！

　その結果、コミュニケーションの重要な手段であった手
が、情報伝達の役割から解放される。その繊細な手が、道
具を作り、芸術を開花させ、情報伝達手段としての文字な
ども進化させていった。

　人類が獲得した多彩な音声が、生活スタイルやその地域
の気候風土の影響を受け、様々な言語を生み出した。それ
が、世界に異なる言語が存在する理由でもある。

② 未来は多言語社会

英語が世界共通語として広く普及することはあっても、言葉が統一されることはない。

言葉は、単なるコミュニケーションの手段ではない。そこには、様々な文化や多彩な価値観が溶け込んだ知的財宝でもあるからだ。

《　多様性を支える多言語社会　》

いつの時代にあっても、周りの集落とのコミュニケーションを図る必要性があるため、言葉が統一されていない段階では、自ずと多言語社会とならざるを得ない。

今でも、伝統的な生活をしている社会では、いくつもの部族言語を話せるのが当たり前とも言われている。

そして、そのコミュニティが良好に機能するためには、メンバーの一人ひとりが、お互いに個を大切にすることが重要となる。

いずれにせよ、多様性を尊重する社会を支えているものは、個性豊かな自立した人間と文化的背景に根差した多言語にあると考える。

《　AIによる同時通訳　》

ネイティブの英会話講師いわく。「これからは、趣味で勉強する人を除き、英会話を学びに来る生徒はいなくなる」と。

それは、ネットワークを通じて、あらゆる人々が結ばれ、多くの地球市民が触発し合える様々なコミュニティが登場するからだ。

　それに伴い、使いやすく・高性能・低価格の同時通訳AIが実用化される未来は、そう遠くはない。

　そのイメージは、次のようになる。

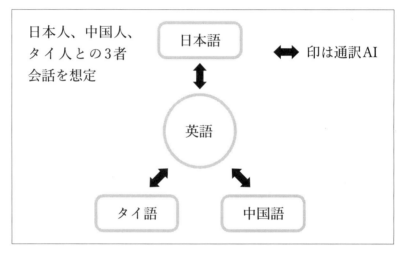

◆ ハードウエアは、今のスマホを利用する。

◆ 各スマホにインストールされるAI通訳アプリは「母国語と英語とのやり取り」のみ。

◆ それぞれのスマホが「英語経由」で会話するシンプルな仕組み。英語が話せる人には、通訳AIは不要。

◆ 少数民族であっても、そのマイナーな言語と英語とのやり取りができるアプリを開発できれば、どんな国際会話にも参加できる。

　いずれにしても、同時通訳AIの普及により、多様な言語に興味をもつ人が増えていけば、地球全体のコミュニケーション能力がアップするにちがいない。

《　生成AIが英会話練習の相手　》

　生成AIが注目され、対話型の生成AI「ChatGPT」などが、様々な分野で活用され始めている。

　この生成AIは、以下の点で英会話練習の相手として、最もふさわしいと考える。

◆　生成AIは「0から1を生み出す」性質があるので、定型的な応答ではなく、創造的な対話が可能となる。人間により近いため、練習相手として飽きることがない。

◆　さらに技術的に進化すれば、AI自身が成長していくため、友達のように学び合うことも可能となる。

3 言語処理脳の秘密

　私たちの脳には、思考、感情、記憶、言語など、様々な機能が備わっている。

　ここでは、理解を容易にするために、これら脳機能を総合的に担うもの、それを「思考中枢」と定義する。

　人類は、音声言語を獲得した10万年前、音声言語以外の方法で、コミュニケーションを図ってきた。そこには、生きる知恵を生み出すための思考中枢があった。

　一方、日本語、英語、中国語など。地球では、気候風土、生活スタイル、文化などにより様々な音声言語が生まれていった。

　これに連動して、それぞれの地域で、日本語脳、英語脳、中国語脳などの「言語処理脳」が発達していくことになる。

　ここで、日本語と英語を例に、思考中枢と音声言語との関連を掘り下げる。

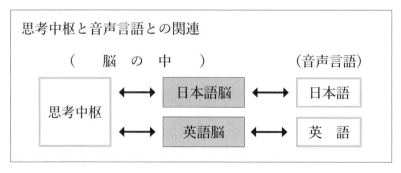

　この関連図で重要なのは、脳の中では、「英語から日本語に変換するプロセス」とその逆のプロセスも存在しないと

いうことだ。

　例えば、日本語を英語に同時通訳する場合を考えると、次のようになる。

◆　日本語を「日本語脳という手段」を介して、思考中枢が理解する。
◆　その思考中枢が理解した内容を「英語脳という手段」を介して、英語で伝える。

　そして、この「聞く・話す」という入出力機能を担う言語処理脳の数を増やしていけば、いくつもの外国語を話すことが可能となる。

　不思議なことに、すべての人は、どんな言語でも話すことができる力、すなわち、英語脳などの言語処理脳をいくつでも加えることができる秘密の力を持っている。
　それは、すべてのことに通じるが、英語を好きにならなければ、その力は生まれない。

2章　外国語を学ぶ意味

　これからは、外国語に習熟できる力が、現代社会を生き抜くための重要なスキルとなっていく。

　ここでは、外国語を「何のために学ぶのか」を確認する。
　　　◆　活躍の舞台が広がる
　　　◆　価値観が深まる
　　　◆　言語の総合力が磨かれる

　その上で、楽しく学ぶためのポイントとして、次の5つが重要と考える。
　　　◆　自分に合ったアプローチ
　　　◆　耳を慣らす
　　　◆　言語処理脳を磨く
　　　◆　少ない単語による多彩な表現
　　　◆　状況に応じた言語力

1 何のために学ぶのか

1. 活躍の舞台が広がる

　日本人が英語を話せない理由は、その必要性が乏しかったからだ。

　将来、日本だけで生きる道を選択したとしても、グローバル化が加速していけば、誰もが、次のような事態に直面することになる。

　多くの外国人が日本に来る時代になると、観光客だけでなく、職場や学校でも外国人と一緒に活動する機会も増え、近所でも外国人と生活するようになる。

　これからは、海外や外国人とのスムーズな交流なくして、生活やビジネスが成り立たなくなる。

　最新の情報へのアクセスは、その情報の新鮮さ・豊富さからインターネットが中心となっている。

　そして、英語ができると、ネット情報が、より有利な立場から利用できる。

　英語だけができても、何の役にも立たないが、英語ができないと、仕事だけでなく、生活、遊び、学びなど、あらゆる分野で制約を受けることになる。

　逆に、英語ができれば、より広い分野で、自分の才能を伸ばすことが可能となり、君の活躍の舞台が広がる。

2. 価値観が深まる

自分の価値観を深める方法。それは、自分の知らない世界に触れること。その一つが外国人との交流にある。

交わされる言葉には、それぞれの文化的な背景や多彩・多様な価値観が受け継がれている。

外国人との交流が確実にできれば、次のようなことも可能となる。

◆ 多くの異なる文化に触れることにより、人間としての視野が広がり、価値観にも多様性が加わる。

◆ 文化・価値観などの相互理解が深まることにより、無益な対立を避けることができる。

3. 言語の総合力が磨かれる

外国語を学ぶことにより、その優れた言語特徴を知ることは、次のような効果がある。

日本語と外国語との対比が可能となり、2つの言語の優れた点が融合されるため、日本語力の向上につながる。

そして、多様な発想や価値観との触れ合いにより、自分が高められる。

いずれにせよ、教養のある話ができることが、本当の意味での「言語の総合力を磨く」ことになる。

❷ 外国語を楽しく学ぶ ────────

1. 自分に合ったアプローチ

　外国語を習得するアプローチは、大きく2つに分けられる。

　一つは、学校などで、英文法をベースに「日本語で英語を理解」するアプローチ。

　この方法は、体系的、かつ、効率的に学習できるメリットがある。

　しかし、状況に応じた訓練をしていないため、いざ、外国人との会話となると絶句してしまうことが多い。

　もう一つは、赤ちゃんが母国語を覚える方法。

　この方法では、文法を一切教えないが、どの国の子どもでも、3歳位で母国語を話せるようになる。

　しかし、日本で生活している限り、このアプローチを採用しても効果が期待できない。

　それは、一番大切な生活・言語環境があまりにも違うためだ。

　いずれにしても、社会にあふれる学習法の中から、自分に合った学習方法を見つけ出せるのは、自分しかいない。

　これは、英語だけに限らず、人生のすべてに通じることだ。

2. 耳を慣らす

オーケストラの指揮者は、一つ一つの楽器の音を聞き分けられるという。

ともあれ、人類は、生まれながらにして、人間が発する音声であれ、楽器の音色であれ、エンジンの音であれ、それらを聞き分けることのできる耳をもっている。

しかし、英語学習において、日本人の多くは、このヒアリングの問題で行き詰っている。

その原因はいくつかある。その一つが…

◆ 耳に届く自分の知らない音声を、自動補正して、自分の知っている音で聞いている。

◆ 赤ちゃんが、すぐに音声に慣れるのは、聴こうと意識しているのではなく、だだ「耳にしている」だけ。つまり、赤ちゃんは、母親が発する音をありのままに吸収している。

では、純粋に、音そのものに慣れるためには、何をすべきか。

まず、耳だけでなく、心もリラックスさせる。そのような環境のなか、音楽を楽しむ感覚で耳を慣らすことだと考える。

3. 言語処理脳を磨く

　人類は、言語を獲得する遥か前より、様々な知恵を駆使して狩猟・農耕生活を楽しんでいた。

　そして、10万年前に起こった言語の獲得が、頭の中にある「思考」「価値観」「知識」などを音声言語に変換することを可能にした。

　それは、思索や記憶のための思考中枢を土台とする「言語を処理する脳」が新たに加わったことを意味する。

　故に、外国語を学ぶために必要なこと、それは「母国語を処理する脳」に加えて「外国語を処理する脳」を構築することだ。

　あとは、実際に使うことにより、それぞれの言語処理脳を磨き続けることにある。

　これが、多言語社会を生きる知恵だ。

4.　少ない単語による多彩な表現

　英語は、コミュニケーション手段だ。

　伝わらなければ、意味がない。

　どれだけの単語や構文を知っているかでもない。

　ところで、アメリカの3才位の子どもが知っている語数は500語と言われている。そして、この500語で、親への口答えや兄弟ゲンカもできる。

　つまり、自分の考えや気持ちを伝えることができている。

　今、グローバル化の進展に伴い、多国籍の人々が共生する社会が到来している。そこでは、官公庁の出す文書であれ、ビジネス界であれ、専門領域であれ、一部の専門用語を除き、すべて「平易な言葉」で表現する社会となる。

　そのような時代に生き抜くためには、本当の意味で、基本的な単語を使いこなす力が求められる。

　その秘策は、よく使われる基本単語を徹底的に理解すること。そして、それを200%使いこなすこと。

5. 状況に応じた言語力

　世の中には、高価なDVD教材もある。だが、それを学習しても、状況に応じたコミュニケーション能力が育つとは考えにくい。

　ここに面白い話がある。2つの教室を準備して、一方の教室は、先生のレッスンを生で受けてもらい、もう一方の教室では、同じ内容をモニター映像で受けてもらう。

　その結果を比較すると、子どもたちの集中力や理解度に明らかな差が出た。

　このことから、状況に応じた英語力をつけるためには、先生との「心の交流」が必要と感じる。

　また、もっと面白い話がある。数か月以上、一言も英語を話さなかった留学生が、ある時、突然、話し出した。

　その理由は、ネイティブの彼女が出来たことにあった。

　いずれにせよ、テキスト中心の学習法では、状況に応じた言語力は育たない。たとえ、文法的には不完全であっても、話したいことをライブで会話するしかない。

3章　英語の特徴を知る

前の章で、外国語を学ぶアプローチが2つあることを伝えた。

赤ちゃんなら得られる「母国語を覚える言語環境」を、今、日本で用意することは現実的でない。

そこで、この日本語環境下で、学習効果を上げるために日本語と英語の違いを理解する。

2つの言語の違いは、使われる文字、発音と文字の関係、音素と音節の関係、アクセント、イントネーション、語順、言語的な表現方法、ユーモアのセンスなど、その範囲は、あまりにも広い。

ここでは、次の3つに絞って掘り下げる。

- ◆ 英語はシンプルな表現を指向
- ◆ 英語は「配置の言葉」
- ◆ 英語はリズム

❶ 英語はシンプルな表現を指向

　あるネイティブの次の発言が、今でも耳に残っている。『初心者の英語は、シンプルなため通じる。しかし、ネイティブにとって、中学・高校の英語教師のジャパニーズ・イングリッシュほど、理解に苦しむものはない。言い回しが複雑で全体的にピンボケしている』と。

　このギャップは、どこから生まれるか。

　一つは、日本語に比べ英語が、とてもシンプルな文構成をもつ言語であること。

　もう一つが、それを使用する英語圏の人々は「シンプルな表現」を好むこと。

　例えば、防波堤で釣りに夢中になっている人に、声をかける場合、とてもシンプルな表現になる。

Everyday fishing?

　この内容をフルセンテンスにしても、相手に聞こえる単語は、Everyday と fishing の2語だ。

　その理由は、それ以外の単語が「弱く・速く・あいまい」に発音されるからだ。

　そして、わずか26文字からなる英語には、文法事項を含めて「シンプルな表現」を指向するDNAが組み込まれている。

　未来社会では、グローバル化の進展に伴い、英語だけで

なく、日本語を含めた、すべての言語が「シンプルな表現」を目指すにちがいない。

　そこで、シンプルに伝えるためには、次のような「簡潔に表現できるスキル」を磨くことが重要となる。
◆ 伝えるべき内容を明確にする。
◆ 平易な表現を使う。
◆ 重要語である場合を除き、簡単な単語を使う。

② 英語は「配置の言葉」

1. 語順を考える

　英語は「配置の言葉」と言われ、語順が間違っていると、まったく通じない。

　例えば、日本語の文では…

「私は、りんごが好きです」を「りんごを、私は好きです」に変えても意味が通じる。

　この日本語を、英語で表現すると…

　　　I like apples　となり、

これ以外の語順では、一切通じない。

　また、英語には、語順が文型として決められているため、日本語の助詞（てにをは）も必要とされない。

2. 重要事項を優先する

　重要事項を先とする英語圏の人は、文頭に注力し、結論を最後に述べる日本人は、文末に注力する。

　また、上司への報告などでも、重要な事柄から優先して伝える。上司が分かったと言って、報告を終わらせる場合もある。それは合理的な考えに基づくもので失礼なことではない。結果として、短い時間で説明できるということは、報告者が優秀だということになる。

3. 英語はリズム

まず、英語は、聞き取りにくい言葉であるので「大きな声で話す」こと。

暖かい国の母音中心の言語に比べて、厳しい気候風土の中で生まれた英語は、口を閉じて話す子音中心の言語。

しかも、声帯を振動させないで喉の奥から強く出すイキ（無声子音）もあるため、大きな声で話さないと通じない。

さて、日本では、英語が聞き取れない、話せない人があまりにも多い。その原因は「英語のリズムが身についていない」ことにあると言われる。

そうした中、世の中では、様々な方法が提案されている。

こうした問題を『II部　発音の探求』で、多様な視点から検討する。

いずれにしても、人類が持っている「多言語を習得できる能力」を磨くしかない。

その原動力は、君が英語を好きになることだ。

I の部　了

IIの部

発音の探求

まず、言語を正しく発音するための土台となる「音素と音節」を理解する。

　これにより、英語と日本語との発音の根本的な違いを会得する。

　また、ネイティブの子どもであれ、日本の小学生であれ、英語の学習で、つまずくのが、発音とスペリングが食い違うことだ。

　この不一致問題を乗り越えるには、脳の中に、音声の世界と文字の世界が結びつく現象を起こすことだと考える。

　その時期、その方法も個人によって異なるが、次の3つを実践することが重要となる。

◆ 音声とスペリングの関係ルールを理解する。

◆ 音読で、話す力と聞く力を同時に鍛える。

◆ 頭脳に、正しい語順をしみ込ませる。

（プロローグより転記）

1章　音素と音節

今から5,000年前、メソポタミア文明の担い手であるシュメール人が、粘土板に、くさび形の文字をきざみ始めた。

それが、人類最古の文字と言われている。

その種類は、一時、約500もあったが、改良されて、わずか30文字ほどの表音文字として使われることになる。

今の「ａｂｃｄ」や「あいうえお」も、この表音文字に属する。

ところが、この2つの表音文字は「発音と文字との関係」が根本的に異なる。

そして、「ａｂｃｄ」が音素文字、「あいうえお」が音節文字に分類される。

そのため、英語を正しく発音するためには、この音素と音節の違いを理解することが最重要事項となる。

■ 発音について

1. 母音と子音

どの言語の音声にも「母音」と「子音」がある。

母音は、声帯の振動によって出てきた声が、口の中で妨げられないで出るもの。日本語でいうと「あいうえお」。

子音は、発音するときに、舌や歯などで、はく息がじゃまされてできる音。

例えば「さくら」をローマ字で表現すると「sa・ku・ra」となる。そのときのｓｋｒが子音を表している。

母音の数は、言語により異なるが、その違いは、舌の位置、すなわち「舌の高さ」「舌の前後の位置」「口を丸めるか否か」で決まる。この３つの位置は連続して変化するので、人類が出せる母音の数は、無限にあることを意味する。

実際の母音の数は、言語ごとに異なる。英語が約15、中国語が約7つと言われている。日本語の母音は、現在5つだが、奈良時代には、もっとあったと言われている。

日本語の子音は「ん」以外は単独で存在しない、常にその後に母音がくっついて発音される。

一方、英語の子音は、単独で成り立ち、最後に子音で終わる単語が多い。

2. アルファベットの読み方

　英語で使う文字は、全部で、たったの26個。

　だが、その読み方には「アルファベット読み」と「アブクド読み」の2つがある。

《　読み方の一覧表　》

a	b	c	d	e	f	g
エイ	ビー	シィー	ディー	イー	エフ	ジー
ア	ブ	ク	ド	エ	フ	グ

h	i	j	k	l	m	n
エイチ	アイ	ジェイ	ケイ	エル	エム	エヌ
ハ	イ	ジュ	ク	ル	ム	ヌ

o	p	qu	r	s	t	u
オウ	ピー	キュー	アール	エス	ティー	ユー
オ	プ	クゥ	ゥル	ス	ト	ア

v	w	x	y	z
ヴィー	ダブリュー	エックス	ワイ	ズィー
ヴ	ウ	クス	ヤ	ズ

注1）上段がアルファベット読み、下段が、アブクド読みを表している。
注2）常にqは、uと一緒に発音されるためquと表示した。

　実は、アルファベット読みの「エイ」とか「ビー」は、アルファベットに付けられた「文字の名前」でもある。「ひらがな」のように、この発音だけで、文字と1対1で対応して

いるわけではない。

　しかも、実際の発音に近いのがアブクド読みの方だ。

　重要●アブクド読みの注意点

　解説している本により、読み方が多少異なる。

　それは、カタカナ表記の限界で、何が正しいかで悩むのはムダ。

　そこで、正しい発音は、生きた単語で覚えることが重要となる。

　また、同じ「b」でも、それに続く文字列により、読み方が変化する。例　book（ブク）、bed（ベド）

　ここで、2通りの読み方で、文字列「bed」を読んでみると、

区　分	発　音
アルファベット読み	ビィー・イー・ディー
アブクド読み	ブ・エ・ド

　この結果から、英語の文字は、アルファベット読みで、発音していないことが理解できたにちがいない。

　では、アブクド読みの「ブ・エ・ド」は、どうだろうか。

　確かに、アルファベット読みに比べれば、進歩が感じられるが、何かがおかしい。

この謎を解決するカギが、音素と音節の関係を深く知ることにある。

② 音素と音節の違い

1. 音素文字と音節文字とは何か

　これから、音素と音節の違いを理解する。まず、日本語の「さくら」を、あえて音素まで分解すると、

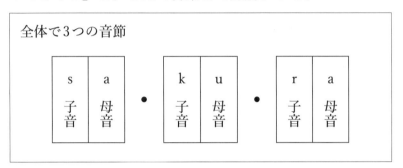

　日本語は、音節文字と言われ、音節が、文字と1対1で対応している。この結果、「3つの音節」で「さくら」と発音することになる。当然、音節文字の日本語では、このように音素まで分解する必要はない。

参考▷キーボードからの入力

　日本語をパソコンに入力する場合、SAKURAとローマ字で入力して、それを日本語に変換する方法が採用されている。

　その理由は、キーボードの「キーの数」を少なくすることにより入力作業の合理化を図っている。

そして、文字列「bed」を、音素文字である英語で表現すると、

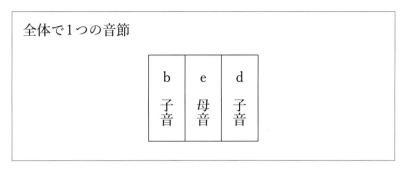

全体で1つの音節

b	e	d
子音	母音	子音

音素は、3つからなるが、1音節で「ベド」と発音する。

いずれにせよ、1つ1つの音素を正確に発音することも大切だが、それ以上に、音節という単位で、リズミカルに発音することも重要となる。

2. 音節の数え方

まず、日本語の場合を確認しよう。桜や松を「ひらがな」で表記すると「さくら」「まつ」となる。

この「ひらがなの数」が日本語の音節の数と一致する。

次に、英語での「音節の数え方」を確認する。フランス、日本、韓国、米国の国名を英語で発音すると、なんと、フランスは1音節となる。以下は、次の通り。

《　4つの国名の音節の数　》

国　名	含まれる母音字			音節の数
France	a　　　　注			1
Japan	a　　a			2
Korea	o　　e　　a			3
America	A　e　i　a			4

注）Franceのeは「音なしのe」。

　音節の数を決めているのは、原則として母音字の数で、この音節が一つのかたまりとして発音される。辞書を開くと1音節の単語（cat dog bee …）が多い。

　なお、1音節の単語をスムーズに発音できれば、2音節、3音節の単語も容易に発音できるようになる。

> **重要●母音字と子音字**
>
> 　アルファベット26文字のうち、aiueoの5文字が母音字。
>
> 　残りの21文字が子音字となる。
>
> 　その中で、yとwは、母音にもなることもある特殊文字。単語の中央や語尾に出てくる場合は、母音として働く。
>
> 　例えば　skyの「y」が、それに当たる。

2章　カタカナ英語

　新入社員の頃、ある飲み会で、beerはビールではなく、ビアーと発音することを知って驚いた。

　このビールは、カタカナ英語と言われ、外国人には通用しないことも教えられた。

　そのお陰もあって、カタカナ英語で失敗することはなかった。

　ここでは、英語学習上の障害でもある、カタカナ英語と和製英語について考える。

◧ カタカナ英語は通じない

それは、次の理由による。

◆ 本来の発音と違う。

◆ アクセントと音節が違う。

【主なカタカナ英語】

カタカナ英語	英語	英語に近い発音
テーマ（主題）	theme	スィーム
マネージャー	manager	マネヂャ
エネルギー	energy	エナヂ

　日本人は、日本語に外国語を取り入れることがとても上手。経済学や医学などの外国語のテクニカルターム（専門用語）も漢字の熟語にしている。

　そして、漢字熟語と「カタカナ英語」をうまく使い分けている。昔は、computerを「電子計算機」と意訳していたが、今は、音訳された「コンピュータ」の方が普及している。

　さらに、パソコンによる横書きが普及したため、日本語の文章は、アルファベットを含めて、あらゆる言語文字を違和感なく表現できている。

② 和製英語も通じない

カタカナ英語の中には、和製英語と言われるものがある。これは日本人が独自に作ったもので、発音の問題とは関係がなく、外国人には、まったく通じない。

【主な和製英語】

和製英語	英語圏で伝わる表現
パソコン は personal computer を略したもの。	英語では "computer" と言う。デスクトップを英語にすると、desktop（computer）。ノートパソコンを英語にすると laptop（computer）。
スマホは、smartphone から作られたもの。	英語圏では、ガラケーやスマホを区別せずに、アメリカでは cell phone と言う。
OLは、office lady から作られたもの。	日本でしか使われていない。会社員は、女性も男性と同じ office worker と言う。
「アルバイト」という単語は、ドイツ語で、英語圏では通じない。	英語では、a part-time job。「アルバイトをしている人」は、a part-timer と言う。
ペットボトルも和製英語。	英語では、plastic bottle と言う。

3章　日本人は母音好き

　私たちが使っている日本語は、母音中心の言語。それと比較すると、これから学ぼうとする英語は、子音中心の言語。

　そこで、この違いが英語の発音に、どのような影響を与えているのかを考える。

　結果として、「日本人は母音好き」が、英語を伝わり難^{にく}くしている。

　そして、君から余計な母音が自然に消えたとき、その発音が、英語らしく聞こえるにちがいない。

1 余計な母音とは

　日本人が、どれだけ母音が好きかを確かめるために、ま
ず、次の単語を発音してみよう。

英語	読み	語尾を音素文字で表示
apple	アップル	lu
friend	フレンド	do
student	スチューデント	to
desk	デスク	ku

　上の表で示したように、初心者の中には、余計な母音、す
なわち、uやoを語尾に付けて発音するクセのある人がいる。
　もし、このような傾向があるならば、このことに注意す
るだけで、その発音が、より英語らしく聞こえるはずだ。
　つまりdeskをdesukuのように発音してはいけないという
ことだ。sの音も、kの音も「ウ」の音を伴ってはいない。
　いずれにしても、余計な母音を付けている限り、伝わる
英語を話せるようにはなれない。

❷ 開音節と閉音節

その起源をたどると…

人々が暮らす、その地域の気候風土が、母音で終わる開音節と子音で終わる閉音節という違いを生んだ。

温暖な気候の地域では、母音が多用され、寒冷な気候の地域では、逆に子音が多用されることになる。

温暖であれば、外での活動が活発となり、遠くにも届く母音が有利になる。

一方、気候の厳しい地域では、体温の消耗や砂漠の砂等を吸う恐れがあるので、口を開ける機会が少ない閉音節が有利となる。

4章　発音とスペリング

　ネイティブの子どもであれ、日本の小学生であれ、英語の学習で、つまずくのは、発音とスペリングが食い違うことだ。

　そこで、この不一致の問題をどう乗り越えるかを一緒に考える。

　その目標は…

　脳の中に、音声の世界と文字の世界が結びつく現象を起こすことだ。

　その時期、その方法も個人によって異なるが、次の3つを実践することが重要だ。

◆　音声とスペリングの関係ルールを理解する。

◆　音読で、話す力と聞く力を同時に鍛える。

◆　頭脳に、正しい語順をしみ込ませる。

■ 発音とスペルの関係

1. 発音とスペリングを覚える順序

5,000年前、人類は必要に迫られ文字を発明するが、言語の獲得は100,000年前にさかのぼる。

この壮大なプロセスから、文字から音声言語を学ぶのではなく、五感を駆使した言語活動の中にこそ、外国語を獲得するための王道が秘められている。

さて、どこの国であれ、読み書きができない2～3才の乳幼児でも、日常生活に不自由することなく、母親とのコミュニケーションが取れる。

ところで、音声とスペリングが一致しない英語圏では、読み書きができる年齢は遅い。

この不一致を乗り越えると、その後の成長は早く、小学校の高学年になると、大人の本が読めるようになる。

このことから、聞く・話す能力が定着しないまま、文法のレベルを上げていくことは、英語嫌いをつくることにつながる。

発音に自信を持てない限り「発音・リズムが重要である英語」を好きになることはない。

また、心が通じ合えなければ、英会話の勉強が楽しくなることもない。

2. 発音記号の役割

　日本語の仮名も、英語のアルファベットも表音文字である。表音文字は、音声を文字に表したものであるので、本来、発音記号などは必要ないはずだ。

　音声教材も乏しく、身近に正しい発音ができる人がいない時代には、発音記号が多少の役に立ったかもしれない。

　しかし、今や、英語の発音を勉強する環境は、格段に向上している。

　英語の音声は、自分の耳で、学ぶのが王道であり、これ以外の英語上達法はない。

　発音記号は、学者のためにつくられたものと考え、参考程度にとどめる。

❷ 音声の世界と文字の世界を結ぶ橋

　脳の中で、音声の世界と文字の世界が結びつく現象が誰にでも起こる。

　それは、音声とスペリングの関係が、子どもの脳に蓄積され、それがある時、ある方法で整理されると、ダムが決壊したかのように、英文を読み始めると言われている。

　その時期、その方法も個人によって異なるが、次の3つを実践することが重要と考える。

◆ 音声とスペリングの関係ルールを理解する。

◆ 音読で、話す力と聞く力を同時に鍛える。

◆ 頭脳に、正しい語順をしみ込ませる。

1.　音声とスペリングとの関係ルールを理解する

　どこの国であろうと、子どもが母国語を覚えた場所は、学校ではない。それは、家族とのふれあいや友達との遊びの中で自然に学んでいった。

　そして、日常会話が、なに不自由なくできるようになってから、文字を学ぶことになる。

　なお、音声とスペリングとの関係ルールを理解する目的は、スペリングと発音との規則性を学ぶことにより、英語を正しく読めるようになることにある。

　そして、徹底的に学ぶのは、規則性であって、漢字の書

き取りのように、スペリングを書いて覚えることではない。

　いずれにせよ、英語学習で最初につまずくのは、発音とスペリングとが食い違うことだが、幸いなことに、英語のスペリングの75%ぐらいには規則性がある。

　なお、音声とスペリングの不一致を具体的に克服する方法は、8章フォニックスで考える。

2.　音読で、話す力と聞く力を同時に鍛える

　話す力と聞く力が、同時に鍛えられる音読は、とても魅力的な学習法といえる。

　しかも、他人に頼らず、自分一人でも、できることが重要だ。

　例えば、バイオリン奏者であれ、歌姫であれ、自分の音感を鍛えるためには、自分一人での練習が欠かせない。

　英語の音声は、心地よいリズムにあるので、音感を鍛えるための音読は、必要不可欠と考える。

　そして、英語に限らず、すべての教科書を音読させるべきかもしれない。

　なぜなら、子どもは、目からの情報よりも、耳からの情報の方が、はるかに理解されやすい。

　そして、大人のように視覚だけで、文章をスラスラ理解できるようになるには時間がかかる。

ここで、音読の効果を列挙すると。

◆ 音読には、聞く力と話す力を効果的に学習できるだけでなく、コミュニケーションに必要な、感情、語感、語順脳、伝える力が総合的に身につく。

◆ 自分を知ることは大切。そして、自分の声を知ると、話し方や振る舞いに品が出てくる。つまり、感情豊かな表現力は、自分の声を深く知ることから始まる。

◆ すべての単語に、等しい重みがあるわけではない。英語では、重要でない単語は、弱く・速く・あいまいに発音される。

そこで、聞き取れない単語につまずくことなく「重要語に注力できる脳」を鍛えて、全体を理解する。

◆ 英語はリズミカルに発音しなければならない。そして、音素、アクセント、イントネーションなどの様々な要素をブレンドする訓練が音読の中にある。

◆「最低でも100回は音読しなさい」と、よく言われる。そして、意味の分かっている文章の音読であれば、最も重要な語順脳を鍛えることができる。

3. 頭脳に、正しい語順をしみ込ませる

　一つ一つの単語の発音、意味、スペリングを覚えたから、英語が話せるわけではない。英語が「配置の言葉」と言われるように、単語を並べる力が重要となる。

　会話の場面では、英作文をするように紙に書いて検討する時間などはない。

　では、どうしたらよいか。

　それは、語順を頭の中で瞬時に組み立てるしかない。

　その方法は、以下の通り。

◆ 頭脳に、正しい語順をしみ込ませるために、何百、何千回に及ぶ音読などで語順脳を鍛えること。

◆ ひんぱんに使われる慣用表現は、それをあたかも一つの単語のように覚えてしまうこと。

◆ 少ない知識・経験で、英語を使いこなすためには、使いやすい「自分だけの手引書」をつくること。

◆ むずかしい構文とか、しゃれた表現ができなくても、シンプルで感情のこもった英語が話せれば、それ以上を望む必要はない。

5章　単語と単語の区切り

初心者にとって、英語が聞き取りにくい原因の一つが、単語と単語の区切りが、あいまいに聞こえることにある。

紙に書かれた英語の文章には、単語と単語の間にスペースがある。

しかし、耳から聞こえる英語の音声には、単語の切れ目を示すポーズなどはない。

そこで、英語を聞き取るためには、耳だけでなく、身体全体で英語のリズムに共鳴しなければならない。

ここでは、次の3つの視点で考える。
- ◆ 文字で伝達するプロセス
- ◆ 音声で伝えるプロセス
- ◆ 音声を聞くプロセス

なお、相手が発した音声を、すべて完璧に聞き分ける必要はない。

1.　文字で伝達するプロセス

　和紙に墨で書かれた文書には、句読点などは見当たらない。文書の文量も少なく、味わって読んでいた時代には、必要がなかったかもしれない。

　しかし、今日のように大量の文書を速く読まなければならない時代には、句読点が必要不可欠。

　鎌倉時代に書かれた文章であっても、句読点が追加されるだけで、ぐっと読みやすくなる。

　日本と英語圏の句読点を比較すると、よく似ている。おそらく、日本は、欧米の用法を取り入れたのかもしれない。

【句読点の比較表】

区分	符号	英語の符号	英語の名称
句点	。	.	ピリオド
読点	、	,	カンマ
疑問符	?	?	クエッション・マーク
感嘆符	!	!	エクスクラメーション・マーク
引用符	「　」	"　"	ダブルクォーテーション

今、スペースを使用しないで、日本語と英語の文を比較すると、

◆ 今君は何をしているの？

◆ Whatareyoudoingnow?

英語のアルファベットは、26文字で成り立っているため、単語の切れ目が判別しがたい。

次のように、単語と単語の間にスペースを設けるだけで、ぐっと読みやすくなる。

What are you doing now?

2. 音声で伝えるプロセス

では、音声で伝える場合は、どうなるのか。

おそらく、次のように3つのグループとして発音されると考える。

◇ Whatareyou doing now?

つまり「What are you」が一つの単語のように発音される。このことを認識していないと、いつまで経っても進歩しない。

文は、いくつかの単語が並んでできるが、その文の中で、それぞれの単語にウエートが生まれる。

そして、重要な単語は、強く・ゆっくり・はっきりと発音されるが、重要でない場合には、弱く・速く・あいまいになる。

あいまいに聞こえる部分は、再生速度を遅くしても聞こえない。そもそも、ちゃんと発音していない可能性すらある。現実の会話では、英語に限らず、音声のみの情報だけでなく、非言語情報（目の動きや表情など）やその場の雰囲気などによって、理解される。

いずれにせよ、音声のみでは、完璧な理解は得られない。

3. 音声を聞くプロセス

音声を聞くプロセスでは、どのような方法で単語の切れ目を会得するのか。

次のような方法が考えられる。

◆ まず、英語のリズムに慣れる。

◆ 個々の単語ではなく、話の全体像を把握することを意識する。

◆ 簡単な単語を使って「2語の文」「3語の文」を自然な速度で音読する。自分の声に注力して、この耳を慣らすプロセスを繰り返す。

◆ すると、聴く力の急所である単語の切れ目を理解できる力が生まれる。

6章　英語のリズム

　耳に届く英文が、どんなに簡単な内容であっても、初めて聞く場合、聞き取ることができないことが多い。

　その理由は何か。それは…
「英語のリズムが身についていない」ことにある。

　加えて、英語のリズムは、それぞれの単語を正確に発音できたとしても得られないことに、この問題の難しさがある。

　そこで、難題である「英語のリズムに影響する要因」について考える。
◆　文の中のアクセントの位置
◆　強弱とスピード
◆　イントネーション（文末の上げ下げ）

❶ アクセントの位置

英語は、強弱のアクセントをもつ言葉（日本語は高低アクセント）。

1つの単語には、必ず強く発音される音節がある。その音節の位置は、習慣的に決められている。

そして、英語の世界では、この「強弱の発想」が、単語レベルだけでなく、文レベルでも貫^{つらぬ}かれている。

文の中で最も重要な情報は、強調されるべきもので、アクセントが置かれる。

ルール1　最重要語は、強調される。

例えば、友達から「先日、貸した本を読んだ？」と聞かれて、「まだ、半分しか読んでいないよ」と答えるときのアクセントの位置は、halfに置かれる。

I have read only **half** the book.

そして、何が重要か否かは、話し手の主観的な判断で変化する。

次の例文の比較で、そのイメージを確かめる。

Did you know that文

Did **you** know that文

Did you **know** that文

ルール2　強調語の位置は、絶えず変化する。

Didにアクセントを置くと、過去時制が強調され、that 以下の内容をすでに知っていたか否かが強調される。

youにアクセントを置くと、ほかの人はともかく「君が」知っていたか否かが強調される。

knowにアクセントを置くと、that 以下の内容について「はっきり知っていたか否か」を確かめるニュアンスがでる。

❷ 強弱と速さ

英語は、日本語のように平坦に発音されない。「強く・ゆっくり・はっきり」と発音される部分と「弱く・速く・あいまいに」発音される部分が共存する。

そして、英語のリズムは、この「強弱・スピード」と「単語のアクセント」の変化から生まれる。

ルール3　強弱とスピードの変化がリズムを奏でる。

下の例文を見てほしい。

How do you **go** to **school**?

(I go to school)　By **bus**.

太字の部分が強く発音され、その他の部分は弱く発音される。

応答の文で、I go to schoolが省略されるのは、その背景に、シンプル・イズ・ベストとの言語文化があるからだ。

また「do」「you 」「to」などの部分が聞き取りにくいと感じるのは、自然なことで、弱く速く発音されているためである。

では、一般的に、どのような品詞が強く発音されるのだろうか？

それは、次のような2つのグループに分類されている。

分　類	どんな品詞	共通点
強く・ゆっくり 発音される	名詞　動詞　疑問詞 数詞　形容詞　副詞	実質的な内容を 示す
弱く・速く 発音される	冠詞　前置詞　接続詞 代名詞　助動詞	文法上の関係を 示す

どの言葉を強調するかは、話し手の趣旨・意図によるので、いつも、この分類基準で発音されるわけではない。

　それは、文脈や話し手の意図によって、ダイナミックに変化する。

３ イントネーション

　文の種類などにより、ほぼイントネーションは、決まっている。

　その判断基準を要約すると、次のようになる。

区分	イントネーションの判断基準
原則	質問を意図した文は、上がり調子。 例えば、 ◆ 普通の疑問文。 ◆ 平叙文でも、文末を上がり調子にすることにより、疑問文になる。
例外	5W1Hの疑問文は、下がり調子。

　このことから、唯一の例外（5W1Hの疑問文）を除き、すべての疑問型は、上がり調子。

　また、どんな文だろうが、1語の単語だろうが、その文末を上げ調子にすれば、立派な疑問文に変えることができる。

　ルール4　上がり調子が疑問文をつくる。

また、イントネーションの違いにより、その意味が変わることがある。

例えば、excuse me. は、次のように変化する。

意　図	イントネーション
人に話しかけるとき	下がり調子 Excuse me, where's the restroom? （すみません。トイレはどこですか？）
うっかり失礼なことをしたとき	下がり調子 Oh, excuse me. 「ごめんなさい」と謝罪する。
もう一度聞き返したとき	上がり調子 Excuse me ？ （えっ、何とおっしゃいました?）
相手の言動に対して不愉快な気持ちを表すときなど	不愉快となった原因などにより、イントネーションやアクセントのつけ方は変化する。その場合、表情が重要となる。

7章　感嘆を表す英語表現

　自分の心に起こった感動は、伝えようと意識しなくとも、自然に伝わる。

　そして、できるだけ簡潔に表現した方が、その気持ちが伝わりやすい。

　英語には、感動をシンプルに表現する方法が2通りある。

　その一つが感嘆文で、What a view!「なんて素晴らしい眺めだ！」との表現。

　もう一つが感嘆詞で、Great!「素晴らしい」との表現。

1. 感嘆文

感嘆文には、Whatバージョンのほか、Howバージョンがある。

それは、How fast you run!「君の走りは、とても素晴らしい！」である。

なお、詳しくは、V部「命令文と感嘆文」の章に記載。

2. 感嘆符

感嘆文や感嘆詞には、感嘆符「！」を付ける。

また、それ以外でも、強い感情表現を付け加えるために使われる。

Yes, we can!

（できると思えば必ずできる!）

Leave me alone!

（一人にしてよ!）

3. 感嘆詞

感嘆詞（品詞の一つで間投詞ともいう）は、たったの一語で、話し手の心に生じた感動を表現する言葉。

それは、話し手の感動だけでなく、呼びかけ、応答、相づちなど、広範囲に使える。

しかし、安易に感嘆詞を連発すると「適当に言っているのでは？」と誤解されることもあるので、使い過ぎに注意する。

次に、よく使われる感嘆表現を7つの場面に分けて説明
する。

区　分	英語表現	コメント
あいさつ	Hi! How are you?	やあ。 hello よりくだけた表現。
喜び	Wow! your dress is so pretty	「わぁ！」の感覚。
承認	Yeah（Yes のカジュアル版） Exactly! That's it!	「うん」にあたる。 まさに、その通り！ それそれ、それです！
賞賛	Great! Well done!	素晴らしい よくやった
驚き・怒り	What! You're late again?	えっ！　また、遅れるの？
別れの あいさつ	Bye!　Goodbye! See you!	See you! はカジュアルな表現
ためらい	Well! Let me see!	「うーん」「どれどれ」と、ためらいを表す。

8章　フォニックス

　フォニックスとは、スペリングと発音との規則性を学ぶ
ことにより、英語を正しく読めるようになるためのメソッ
ド。

　その目的は…
◆　スペリングを正しく読めるようになること。
◆　発音を聞いてスペリングが書けるようになること。

　そして、徹底的に学ぶのは、規則性であって、漢字の書
き取りのように、スペリングを書いて覚えることではない。
　なお、このフォニックスがマスターできたから、直ちに
英語が話せるようになるわけではない。

1 母音のルール

1章の《読み方の一覧表》で紹介したアブクド読みは、フォニックスの最も基本的な発音ルール。すべてを網羅したものではない。

実際の母音と子音には、アルファベットの様々な並びにより、さらに複雑な発音ルールが存在する。

まず、母音から、フォニックスを理解する。日本語では、5つの母音字「あいうえお」が、5つの音を表すので、極めて単純だ。

しかし、英語では、5つの母音字「aiueo」が、15もの母音を表すため、音と文字の関係が複雑になっている。

1. 短母音と長母音

英語の母音には、短母音のほか、長母音、2文字母音などがあるが、短母音が一番むずかしいとも言われている。

短母音とは、母音字を【一覧表】で紹介した「アブクド読み」で発音する音をいう。

長母音とは、母音字を【一覧表】で紹介した「アルファベット読み」で発音する音をいう。

また、15個の母音は、個々の音を表すので、同じ音を伸ばしたり、縮めたりすることはない。

なお【一覧表】で紹介した発音が、すべてではないので、その他のルールを紹介する。

2. マジックeが付いた母音

　面白いルールがある。それは、単語の cut（切るという動詞）にeを付け、cute にすると、このeが無声音になって、前方の母音がアルファベット読みになる。つまり「カット」が「キュート（かわいい）」に変身する。

母音	アルファベット読み	例　示	
a	エイ	game	cake
i	アイ	bike	wine
u	ユー	cute	June
e	イー	eve	Pete（男の名）
o	オー	hole	rope

3. 2つの母音字が仲良く並んでいる場合

　この2文字母音には、2つルールがある。

《　1番目の母音字がアルファベット読みとなり、2番目の母音字が「音無し」になるルール　》

　fruit（果物のフルーツ）を、どう発音するかで悩んだ人も多いのではないだろうか。その解決策がここにある。

区　分	例　示
a ＋音なし母音	day　rail　rain
i ＋音なし母音	pie　die　tie
u ＋音なし母音　　注2	suit　fruit　blue
e ＋音なし母音	cheese　tea　money
o ＋音なし母音	coat　yellow　toe

注1）yとwは、無声の母音字として扱う。

　2）uのアルファベット読みは「ユー」だが、ここでは「ウー」
　　となる。

《　母音字が二つで、一つの音を出すルール　》

　ここでは、最初の母音を少し長めに発音し、滑らかに移
行しながら、2番目の母音を余韻みたいに発音する。

グループ	2文字母音	例　示
1	au　　aw	August　　straw
2	oi　　oy	oil　　boy
3	ou　　ow	house　　cow
4	oo	book
5	oo　　ew	school　　new

注）同じグループに属する2文字母音は、その発音が同じ。

4. rが加わった母音

　英語では、carなど、rが加わった単語が多い。母音にrが混合されて、うめきのような音で発音されている。

　そして、rを上手に加えないと英語らしく聞こえない。しかし、加えすぎると、単語全体がぼやけてしまう。

区　分	文字列	例　示
2文字タイプ	ar　or　ir ur　wor　er	car　horse　girl Thursday　work　teacher
3文字タイプ	air　are ear　eer	hair　care ear　beer

❷ 子音のルール

　どの言語でも、子音の音素は、「**発音される場所**（唇、歯、舌など）」と「**発音の仕方**（破裂する、鼻からでるなど）」との組み合わせで決まる。

　英語の子音は、母音に比べて、文字と音の関係が一定しているので覚えやすい。

　また、l（ル）など日本語に無い音もあるが、何回も発音練習すれば、聞き取れるようになるはずだ。

1.　子音だけを切り離して言えるように

　日本語は母音で終わり、英語の多くは子音で終わる。しかも、子音が3つ連続することもある。つまり、発音の構造が違う。日本語を母音中心の言語というならば、英語は、

子音中心の言語といえる。

　例えば、英語のbat（野球バット）は、1音節だが、日本語では、バット（batto）と発音され、余計な母音が加えられる。

　これでは、ネイティブには通じない。次の点を意識するだけで英語らしく聞こえる。

◆　カタカナ英語は使わない。

◆　余計な母音をつけない。

◆　子音だけを切り離して発音できるようにする。

2.　無声子音とは

　アブクド読みでの練習で、kやfの発音が小さく聞こえる。これは、弱く発音しているのではなく、無声音と言われるもの。

　有声音は、声帯を振動させて発音する「声」。これに対して無声音は、声帯を振動させないで、喉の奥から強く出す「イキ」。大切なことは、無声音は「聞こえない音」ではなく、無声音こそ、強く発音しなければならない。

3.　並んだ2つの子音字をどう発音するか

例えば、lunchのchをアブクド読みで発音すると「クハ」になるが、まったく別の音で「チ」と発音される。

つまり、2つの子音字が1つの音を表している。

子音字	無声音		有声音	
	発音	例示	発音	例示
ck	ク	neck	–	–
ph	フ	photo	–	–
th	ス	math	ズ	this
sh	シュ	fish	–	–
ch	チ	lunch	–	–
ng	–	–	ング	sing
wh	ホワ	white	–	–

4.　ブレンドされる子音字

これまでの子音字と音の関係は、1対1の対応か、または、2文字で1音を表すかの2通りであった。

ところが、このブレンド子音とは、2つまたは3つの連続する子音字をブレンドして発音する。

drumなどを、どのように発音するかを悩んだ人もいるかもしれない。

文字列	例　示
bl　gl	black　glass
dr　fr　pr	drum　frog　present
sm　sp	smile　spice
spr　str	spring　street
sw　tw	swing　twelve

5.　音なしの子音字

　音なしの子音字には、2つのグループがある。

　一つはknifeのkのように一切、発音されない文字（黙字）を含むグループ。

　もう一つのグループは、appleのように、同じ子音字が2つ並んだ場合に起こる現象で、その内の一つは発音されない。

1)　音なしグループ

発音されない子音字	例　示
knのk	knife　know
wrのw	write　wrap
mbのb	climb　comb
dgeのd	bridge　judge
tchのt	catch　kitchen
ighのghは音なし、iはアルファベット読み。	high　light night

2) 同じ子音字が並ぶグループ

例　示	コメント
apple　　coffee　　tennis dress　　little	「アププル」ではなく、すべて、発音は、1文字でOK。

6.　おまけ

1)　2通りの読み方がある子音字

区分	アブクド読み	ソフト読み
c	ク　cat　cup	ス　　（sの音と同じ） city　rice
g	グ　game　girl	ジュ　（jの音と同じ） gym　page

なぜ、ソフト読みと呼ばれるのか、その名の通り、優しく発音されるから。

また、「ソフト読み」となる条件は、「cまたはg」の後に、「i (y)」または「e」が続くとき。

2)　語尾がyのとき

区　分	例　示	コメント
y が唯一の母音	my　sky　try	yをアイと発音。
その他	study　happy　city	yをイと発音。

3 暗記用単語

　新たなルールを作れば、暗記用単語の数は少なくなるが、ルールが複雑になってしまっては意味がない。

　暗記用の単語として列挙されているものは、日常的に使われているものが多い。

　とにかく、覚えてしまうことだと考える。

　そのいくつかを紹介する。

単　語	発　音	コ　メ　ン　ト
women	ウィミン	ウーマンの複数形
says	セズ	セイズではない。
said	セド	セイドではない。
though	ゾウ	ghは発音しない。
thought	ソート	
through	スルー	

Ⅱの部　了

Ⅲの部

英語の基本

英語の基本は、動詞を深く理解することから始まる。それは、動詞が文型などの語順を決める司令塔の役割を果たしているからにほかならない。

　そのため、主語と動詞さえ理解できていれば、残りの部分が多少あいまいであっても、何とか会話は成立する。
　逆に、適切な主語と動詞がタイムリーに出てこないと、言葉を発する機会さえも失われる。

　また、日本語では、主語を意識しないで会話しているためか、なかなか、文の先頭となる主語がスムーズに出てこないことも多い。

　そこで、これらの問題を解決するために、基本となる文型や完了形・進行形・助動詞・句動詞などを含めた動詞の役割を中心に「英語を話すための骨格」を理解する。

（プロローグより転記）

1章　名詞が一番むずかしい

　英語には、基本となる5つの文型があり、それは主語、動詞、目的語、補語の4つの要素からなる。

　その内、補語になれるのは、名詞と形容詞だが、主語と目的語には、名詞しかなれない。

　よって、この名詞の使い方に迷いがある限り、英会話が弾むことはない。

　そこで、英会話に自信を持ってもらうために、次の視点から名詞を考える。

◆　名詞とは何か。

◆　それは数えられるものか、数えられないものか。

◆　文脈上の意味から、それを特定したいのか、そうではないのか。

◆　名詞の前につく冠詞の働きを理解する。

　今、振り返ると、英文財務諸表の校正で、ネイティブが、この名詞のことで迷っている姿が思い出される。

　いずれにせよ、細かいことを気にしすぎないことだ。

❶ 名詞とは何か

名詞とは、モノなどの名前。辞典を開くと、appleやbookなどが並んでいる。

ところが、英語では、この見出し語であるappleやbookを「そのまま」で、文中で使うことができない。

1. 数えられる名詞と、数えられない名詞

appleのように、具体的な形のイメージがあり、1つ2つと数えられる名詞の場合、その名詞に不定冠詞「a」をつけるか、または複数形にしなければならない。

なお、数えられない名詞の場合、その必要がない。

数えられる名詞	数えられない名詞
【普通名詞】 apple　book　house 【集合名詞】 family　class　people	【物質名詞】 water　rain　money 【抽象名詞】 beauty　kindness　work 【固有名詞】 Edison　Japan　August

2. 数えられる名詞の用法

普通名詞と集合名詞は、数えられる名詞に属するので、単数形と複数形がある。

複数形の場合、不定冠詞を付けないで、次のようになる。

I like apples.

単数形の場合、単独では用いず、不定冠詞（a、an）や人称代名詞の所有格（my、yours）などと一緒に使う。

I have a cat. 　　I have my car.

なお、この不定冠詞は、単数形と結びついているだけで、数に焦点はない、あえて一匹を強調したいときは、one cat となる。つまり、a cat と one cat とでは意味が違う。

次の場合の「a」も同様に数に焦点はない。

I'm a teacher.

一人の先生ではなく、先生を職業とする多くの先生の中の一人という意味で、職業を紹介している文である。

また、普通名詞の中には、weekやdayなどのように形がないものもある。現実的に数えることができるので普通名詞として扱われている。

for three days

重要●身体部分の数え方

　手などの身体の部分の数え方は、単数のとき片方を意味し、複数のとき両方を意味する。

　そして、aやtheは付けない。その代わりに、my、yourなどの人称代名詞の所有格を必ず付ける。

区分	片方の意味	両方の意味
頭	my head	―
耳	my ear	my ears
手	your hand	your hands

3. 数えられない名詞の用法

　数えられない名詞には「work などの目に見えないもの」と「water などの半分にしても、その本質が変わらないもの」などがある。

　考えると、water などの物質名詞は、数えられないのではなく、1つ2つと数えることに意味がないだけだ。

　もし、必要があれば、それぞれの名詞の性質に合った方法で測ることになる。

　水の場合、次のように容器や体積を使って測ることができる。

　　　　two glasses of water　　（2杯の水）

　　　　three liters of water　　（3リットルの水）

重要●決まった形をもたないモノ、その数え方

　water tea rice bread などは、決まった形をもたないため数えられない名詞に属する。

　それでは、不便であるため、次のように容器などを使って数える。

　対象となる名詞そのものは、複数形にはならないが、容器などが複数形になる。

a glass of water　　　　ten pieces of bread

three cups of tea　　　　four bowls of rice

---

❷ どうイメージするかが決め手 ⋯⋯⋯⋯⋯⋯⋯⋯⋯⋯⋯⋯⋯⋯⋯⋯

1. 数えられない名詞が普通名詞になる

　英語の名詞は、最初から「数えられる名詞」と「数えられない名詞」のどちらか、一方に決められているわけではない。

　実際のところ、どちらにも使われていることが多い。

《　物質名詞が普通名詞に　》

　コーヒーショップで、コーヒーを3つ注文する際は、

　　　　Three coffees, please. でも OK。

　本来は物質名詞であるので、three cups of coffee（3杯のコーヒー）であるが、普通名詞として用いられている。

　このほか、paper（紙）や glass（ガラス）も普通名詞として用いられると、「新聞」や「メガネ」の意味になる。

《　抽象名詞が普通名詞に　》

「美しさは見た目ではない」と言う際の「美しさ」は、抽象名詞である。

　これを She is **a beauty**. のように「美しい人」と考えると「美人」という意味の普通名詞となる。

《　普通名詞が数えられない名詞に　》

　サラダの中にあるカットされて細かくなったリンゴ（apple）は、数えられない名詞として扱われる。

また、自然に生えている木（tree）は、製材されて木材（wood）となり、それが加工されるとテーブル（table）などの家具となる。

　そして、treeとtableは普通名詞だが、woodは数えられない名詞。なお、テーブル、チェア、チェストなどの総称する言葉である家具（furniture）も数えられない名詞となる。

2.　意味によって使い分けることが必要

《　「客」といっても、様々な表現　》

　【乗り物の乗客がpassenger】【お店の顧客がcustomer】

　【演奏会の聴衆がaudience】【弁護士への依頼人がclient】

　【日常生活の招待客がguest】【訪問客がvisitor】

《　「料金」を示す名詞も多様　》

　【入場料、授業料、報酬がfee】

　【ホテル代などの使用料金がcharge】

　【品物の値段がprice】【掛かった費用がcost】

　【交通機関の料金がfare】

③ 冠詞の働き

　日本語にはなく、最もとっつきにくいのが冠詞。この冠詞は、単純に名詞の前につけるだけのものではない。

　むしろ、名詞の前に置くことにより、名詞の性質を決める「入れ物」の働きをしている。この冠詞をまちがえると意味がまったく通じない。

　いずれにせよ、次の3つのパターンのいずれかを選ばなければならない。

◆　不定冠詞aが付く場合

◆　定冠詞theが付く場合

◆　冠詞が付かない無冠詞

　そこで、この3つを対比しながら、その違いを理解する。

1.　不定冠詞と無冠詞との比較

　数えられる名詞が単数の場合には、不定冠詞aが付く。

　　　a book

それが複数の場合には、無冠詞となる。

　　　books

意味はいくつかの本があることを表現している。

もし、冊数を表現したい場合には、five booksとなる。

ところで、次の2つの句の違いが分かるかな。

　　　buy a bed.

go to bed.

　不定冠詞の方は、具体的な一つのモノをイメージさせる。

　一方、無冠詞の方は、そのベッドのもつ「睡眠のための道具」としての働きに焦点が向けられる。そこで「寝る」との意味になる。

2.　不定冠詞と定冠詞との比較

《　最初に出てきたときはa、2回目からはtheを使う　》

　　　I have a dog.

　　　The dog is cute.

《　話し手と聞き手の間で、共通認識として「特定できる」際には、theを付ける　》

　　　Please shut the door.

　　　（その開いているドアを閉めてください）

《　一つしかなく、誤解の余地のないもの　》

　　　the sun / in the west / in the future

《　慣用的な用法　》

　　　I play **the** piano.

　楽器の場合には、playの対象として音を奏でることに焦点があるため、theが慣用的に付けられる。

　ピアノを持っているだけの場合には、I have **a** piano.

3. 定冠詞と無冠詞との比較

《 働きに焦点を向ける 》

　学校を1つの建物とみる場合、a、the、myなどを付けるが、役割や働きに焦点を当てると、無冠詞となる。

　保護者が学校に行く場合は、to the school となる。君が勉強のために行く場合には、to school と無冠詞となる。

《 byで手段を表す 》

　　　　by car ［train　subway　bicycle　bus］

　　　　by letter ［cellphone　e-mail］

　byを使った場合には、具体的な1台の車をイメージしていない。移動手段の1つとしての「漠然とした車」をイメージしているので、無冠詞となっている。

　一方、具体的な車がイメージされる場合には、by the ［my］carとなり、冠詞がつく。

4. 冠詞の位置

　名詞句の基本形は、次のようになる。

この大枠の中に形容詞が、2つ以上並んでも、1つもなくても、文法上は問題がない。

　しかし、冠詞を付け忘れたり、間違えると、意味が通じなくなる。

　通常、冠詞の位置は、先頭にあるが、次のような例外がある。

《　不定冠詞より前に位置する　》

　慣用的に不定冠詞より、前に置かなければならない語がある。

　それは、以下の通り。

　　　What a nice view!

　　　（何と素晴らしい眺めだ！）

　　　Don't do **such** a thing.

　　　（そんなことはするな）

《　定冠詞より前に位置する　》

　慣用的に定冠詞より、前に置かなければならない語がある。

　　　all the boys　（すべての少年たち）

　これは、もともと、all of the boys という表現があって、of が次第に使われなくなったとも言われる。

　このほか、次のものがある。

　　　「all　both　half　double」＋ the 名詞

2章　動詞が語順の司令塔

　何かを知るためには、どんな場合でも、一つの問いから始めなければならない。

　では…　文を組み立てる主役は何か？
　それは、文型の中心となる動詞にある！

　この動詞が担う「文型」が、その文が伝えるべき内容をシンプル、かつ、誤りなく伝える役割を果たしている。

　この章では、その中核である「S（主語）・V（動詞）・O（目的語）型」を理解する。
　なお、文型には、このSVO以外にも、SV型、SVC型、SVOO型、SVOC型がある。（Cは補語）

　いずれにせよ、この動詞が文型と文全体の語順を決める司令塔の役割を担っている。

■1 動詞を分類すると

1. 一般動詞とbe動詞

一般動詞は、その名の通り、動作や動きを表すが、be動詞は、動作や動きを表すことができない。

英語の基本を理解する上で、この一般動詞とbe動詞の根本的な違いを知ることが重要となる。

2. 自動詞と他動詞

さらに、この一般動詞は、目的語の有無により、自動詞と他動詞という「2つのグループ」に分けられる。

区　分	例　示
自動詞	stand　blow　fly　walk　smile　move
他動詞	drink　eat　speak　read　know　like

注)「自動詞と他動詞の境界」については後述する。

この2分類を文法的な視点で言うと、自動詞とは、目的語を採らなくても文が完成する動詞。

例文を示すと、

Trees stand.　The wind blows.　Birds fly.

I walk.　We smile.　Don't move!

一方、他動詞は、目的語がないと文が完成しない動詞。

2 文型の基本はSVO型

　単語をどんなに知っていようとも、それを並べただけでは、意味のある文にはならない。ブロークン・イングリッシュでも伝わることもあるが、間違って伝わる可能性も高い。

　意味が伝わる文を作るためには、文型の理解と語順のセンスが必要となる。

1.　語順に着目する

私は	英語が	好きです。

この日本文の語句を入れ替えても意味は伝わるか？
次のように、意味は伝わる。

英語を	私は	好きです。

私が	好きなのは	英語です。

この日本文を英語で表現すると、次のSVO型となる。

I	like	English.

　そして、動詞likeをloveに変えることは可能だが、この3つの語順を一つたりとも変えることはできない。
　もし、変えたら意味の通じない文となる。

2. 目的語に着目

flowers	water

water	flowers

　上段の単語の並びからは、意味のある文が想像できない。

　しかし、単語を入れ替えただけの下段からは、意味のある文が想像できる。

　それは、waterには、「水をやる」という動詞の働きがあり、flowersが目的語と考えられるからである。

　このように、語順には、品詞（それが動詞か名詞かなど）を決める働きがある。

　そして、この文（VO）は「花に水をやる」との意味になる。

3. 自動詞と他動詞の境界

I walk	（目的語なし）

I walk	my dog.

　上段は、目的語なしで文が完成している。このwalkは、自動詞「散歩をする」の意味になる。

　しかし、下段には、目的語があるため、walkが他動詞であると推測できる。

　そこで、辞典を調べると、「犬などを散歩させる」の用法が書かれている。

また、面白いことに、同じ動詞が自動詞になったり、他動詞になったりする。

つまり、目的語の有無により、自動詞「自分が散歩する」と他動詞「犬を散歩させる」と、その意味が切り替わる。

4. SVO文は、3両編成列車

SVO文を3両編成列車に見立てて、文の組み立て方法を検討する。

《 1両目：主語 》

主語になれるのは、人、モノ、動作、thisなど。

1両目　主語	2両目　動詞	3両目　目的語
I	love	English.
Tokyo	has	many tall buildings.
Walking	improve	my health.
This	answers	your question.

東京には、多くの高層ビルがある。

ウォーキングは、健康に良い。

これが、あなたからの質問への回答です。

《 2両目：動詞 》

英語の動詞は、Birds fly.（鳥が飛ぶ）のように目的語がなくても完成するSV文とI fly paper airplane.（紙飛行機を飛ばす）のように目的語を必要とするSVO文に分けられる。

さらに、この動詞を別の視点で考えると、動作を表す「動

作動詞」と、状態を表す「状態動詞」があり、この役割の違いを知らなければ、英文をスムーズに組み立てることはできない。

区　分		例　示
動作動詞		I eat lunch.　ランチを食べる
状態動詞	一般的な状態	I have a car.　車を所有している
	心理的な状態	I like apples.　アップルが好きです
	知覚・感覚	I feel pain.　痛みを感じる

また、例外的に、haveのように動作動詞にも状態動詞にもなる動詞もある。

　I'm having a lunch now.

　（ランチを食べているところです）

先の表では、haveを状態動詞として例示したが、この文では動作動詞として使われている。それは、haveには「所有している」という意味のほかに「食べる」という意味があるためだ。

なお、haveには、手で持っている意味はない。ペンなら手に持つことも可能だが、車などでは不可能である。haveの本来の意味は、モノが自分のコントロールできる範囲にあることを意味する。ここでは「車を所有している」と訳した。

《　動作動詞と状態動詞の見分け方　》

　その見分け方の一つに、進行形にできるかどうかで判断する方法がある。

　　　I'm eating lunch.

　　　これは、進行形にできるので動作動詞。

　　　では、likeの場合はどうか。

　　　I'm liking apples.

　この文は正しくない。よって、likeは、進行形にできないので状態動詞となる。

《　3両目：目的語　》

　主語・目的語になれるのは、名詞だけ。名詞に相当する to不定詞、動名詞、名詞句、名詞節なども、そこに置くことができる。それを例文で示すと、

1両目 主語	2両目 他動詞	3両目 目的語	備考
I	like	tea.	名詞
I	want	to study English.	不定詞句
I	like	reading a book.	動名詞句
I	don't know	what to do.	疑問詞＋不定詞
I	know	[that] he is honest.	名詞節

注）to不定詞、動名詞、名詞句、名詞節などは、Ⅳの部で学ぶ。

　ここで、目的語の見分け方を理解するために、次の2つの文を比較する。

　　I move the chair. 「椅子を動かした」

　　I move **to the left**. 「左の方に動いた」

　下段の文は、I move（私は動いた）で文が完成している。では、to the leftは何か。それは前置詞句で、動詞を修飾する「副詞の働き」をしている。文の構成要素ではなく、修飾語に相当する。

3章　be動詞の役割

　be動詞の用法は、2種類。一つは「イコール文」、
もう一つは「ある、いる文」。

　そして、「イコール文」とは、
　I'm Meg.（私の名前はメグです）のように、「主語を説
明するための補語（名詞または形容詞）が、主語とイコー
ルで結ばれていることを示す文」をいう。

　一方、「いる、ある文」とは、
　I'm home.（私は家にいます）のように、「主語が存在し
ていることを示す文」をいう。
　なお、homeは修飾語である。

　また、動詞のあとに補語がくる文型は、be動詞以外でも
使われる。
　そこで、この章の「**2** be動詞以外のSVC文型」でまと
めて例示する。

1 be動詞の使い方

1. イコール文の使い方

　この「イコール文」は、S（主語）＝ C（補語）という関係になっていることが最大の特徴。

　そこで、3両編成列車に見立てて、文の組み立て方を確認する。

1両目　主語	2両目　be動詞	3両目　補語
This	is	my bicycle.
I	am	happy
He	is	a great musician.

　3両目に入る補語は、主語の説明をしているので「主格補語」と言われる。

　この補語になれるのは、名詞と形容詞のみである。

　ただし、名詞に相当する不定詞、動名詞、名詞句、名詞節なども置くことができる。

2. 存在を示す文の使い方

be動詞には、イコール文（SVC）のほか、「存在を示す文（SV)」がある。

例えば…　I think, therefor I am.

これは、フランスの哲学者デカルトの言葉で「私は考える、ゆえに私が存在する」と訳されている。

このbe動詞は「いる、ある」と訳されることが多いが、忠実な訳は「存在する」となる。

だが、日本語で「存在する」を使うと、かたく感じるので「いる、ある」と訳されている。

次に、存在を示す文を3両編成列車に見立てて、文の組み立て方を検討しよう。

1両目　主語	2両目　be動詞	3両目　修飾語
My father	is	out in the garden. （庭に出ている）
The books	are	on the shelf. （棚に置かれている）

このSV型は、3両目の修飾語がなくても、文は完成する。ここでの修飾語は、be動詞を修飾する副詞の働きをしている。

3.　be動詞変化表

be動詞は、時制と人称などにより、その姿を変える。

型	人称	単数	複数
原型		be	
現在形	1人称 2人称 3人称	I am you are he is she is it is	we are 同左 they are
過去形	1人称 2人称 3人称	I was you were he was she was it was	we were 同左 they were
過去分詞		been	
現在分詞・動名詞		being	

❷ be動詞以外のSVC文型

be動詞以外のSVC文型は、次の通り。

He **became** rich.

彼は、お金持ちになった。

You **look** happy.

君は、幸せそうだ。

That **sounds** great!

それは、すごいじゃないか。

This book **seems** easy to read.

この本は、読みやすそうだ。

please **get** well soon.

早く良くなってください。

1 and 2 **make** 3.

1＋2＝3

This pie **tastes** good.

このパイは、おいしい。

3 there is 構文

1. 新たな話題を持ち出すとき

例えば、屋根の上に「見知らぬ猫」がいたとすると、

There is a cat on the roof.

この場合、主語の位置にある there は、主語ではなく、「動詞 is」の次にくる「名詞 cat」が主語となる。

この構文は、新たな話題を持ち出すときに使うため、主語が特定されているときには使うことができない。

そのときは、次のようになる。

The cat is on the roof.

2. その他の用法

《 一般動詞でも使われる 》

この構文は、be 動詞でなく、一般動詞でも使われる。

Once upon a time there lived a very happy prince.

（むかしむかし、あるところに幸福な王子がいました。）

《　モノ以外にも使われる　》

　この構文はモノ以外にも、使われている。

　　　There is a big party on Saturday.
　　　（土曜日に大きなパーティーがありますよ）

　　　There was a loud noise just a minute ago.
　　　（たった今、大きな音がした）

　　　There is no way I'm going to that party.
　　　（あのパーティー、何があっても絶対行かない）

4章　品詞を理解する

　英語の品詞とは、すべての単語を「文法上の役割」に基づいて、8種類に分類したもの。

　すなわち、名詞、動詞、形容詞、副詞など。

　そして、英文では、それぞれの単語が、名詞なのか、動詞なのか…、その品詞を理解できなければ、構文を理解することはできない。

　もし、文中にある単語の品詞が判別できると、それが主語なのか、動詞なのか、目的語なのか、はたまた修飾語句なのかが、容易に理解できるようになる。

　ここでは、以下の点を検討する。

◆　基本文型と品詞との関係

◆　品詞の種類と役割

◆　品詞の見分け方

　そして、英会話において、最も必要とされる語順脳も、この品詞を判別する力がベースとなっている。

◧ 基本文型と品詞との関係 ─────

どんな言語でも、いくつかの単語が並んで、意味のある言葉を作っている。だが、英語の場合、語順が重要で、これが少しでも乱れると意味が通じなくなる。

そして、どんな英文も、その構成は「基本文型」＋「修飾語」からなっている。

この基本文型には、5つの型があり、その文の要素となる主語、動詞、目的語、補語の語順が厳格に定められている。

そして、品詞から見ると、基本5文型は、動詞、名詞、形容詞の3つから編成され、修飾語は、副詞が担っている。

そこで、基本5文型と4大品詞の関連を表で示すと、

種　類	5文型の要素				修飾語句
	S	V	O	C	M
名詞	○		○	○	
動詞		○			
形容詞				○	
副詞					○

結果として「配置の言葉」と言われる英語は、それぞれの指定席が用意された「S・V・O・C」と自由に配置できる「M（句や節）」から構成されている。

❷ 品詞の種類と役割

8つに分類された品詞には、文の中で、それぞれの役割を持っている。それを理解しやすくするために、品詞を3つのグループに分け、それぞれの機能・役割を説明する。

1) 名詞グループ

名詞	人・モノ・ことなどの名前	Meg　name　dog sound　job　school
代名詞	名詞の代わりをする語	I　she　you　we it　this　that　one
形容詞	名詞のようすや状態を説明する語	little　cute　beautiful short　soft　big

2) 動詞グループ

動詞	主語の動作・考え・気持ちを表す語	walk　run　swim like　talk　see
副詞	いつ、どこで、どのように行われるかを表す語 動詞・形容詞・副詞・文全体を修飾	today　sometimes here　there well　beautifully

3) その他グループ

前置詞	名詞の前に置き、その名詞に意味を付け足す語	in　on　at　of　by
接続詞	単語と単語、文と文を結びつける語	and　but　or that　when
感嘆詞	たったの一語で話し手の感動を表す語	Wow! Great! Oh!　Hello　Hi

❸ 品詞の見分け方

「water」や「book」は、名詞として「水」や「本」の意味で使われるが、「水をやる」「予約をする」と、動詞の役割も持っている。

そして、単語は最初から、ある特定の品詞に属しているわけではない。

実際の文の中で、それぞれが「その役割」に収まることで、動詞、名詞や形容詞になっていく。

そういう観点からすると、語順が、品詞を決めているともいえる。

なお、主な品詞の見分け方は、次の3つとなる。

1.　意味で見分ける

もともと単語の意味を知っていれば、文を読んだ時に、単語の意味から品詞を見分けることができる。

例えば、

　　　　　　（名詞）　　　　　　　　　（形容詞）

I caught a **cold** because it was very **cold** yesterday.

（昨日は寒かったので、風邪をひいてしまった）

一つの単語がいくつかの品詞として使われることは、よくある。このケースでは、catch［a］cold が「風邪をひく」の意味で使われることを知っていれば、文中での品詞を容易に判断できる。

2. 位置で見分ける

　英文では、文法のルールにより、その単語の位置から品詞を推測できる。例えば、次のように…

　　I **booked** two tickets for the show.

　　（私は、そのショーのチケットを2枚予約した）

　通常、文は主語・動詞から始まるので、bookが動詞の働きをしていることが予測できる。bookを辞典で確認すると「予約する」との動詞の働きがある。

　また、for the showなどの修飾語句は、文の要素ではないので、外して検討すると理解しやすい。

　すると、two tickets（名詞句）がbookedの「目的語」であることが分かる。

　次に同じ語が、その位置により、形容詞となったり、副詞となったりする例を見る。

　　I speak **a little** English.

　　I speak English **a little**.

　どちらも意味は「私は少し英語がしゃべれる」だが、上段文のa littleは、Englishを限定する形容詞。

　一方、下段文のa littleは、動詞speakを修飾する副詞の役割を果たしている。

3. 語尾で見分ける

　英単語の品詞は、単語の最後につく「語尾」で見分けることもできる。

　例えば、「-er」は「〜する人」、「-ee」は「〜される人」という意味で、どちらも名詞になる。

◆ employer（雇う人、雇い主）　trainer（訓練する人）

◆ employee（雇われる人、従業員）

　　trainee（訓練される人、研修生）

　また、語尾を見ることで、意味の分からない単語でも形容詞だと判断ができる。

◆ -ful（〜に満ちた）　beautiful（美しい）

　　graceful（優雅な）　forgetful（忘れっぽい）

◆ -ent（〜の性質の）　excellent（素晴らしい）

　　different（異なる）

　また「形容詞＋ly」で副詞となる。

◆　kindly（親切に）

◆ beautifully（美しく）

　このように、語尾を見ることで、品詞を見分けられることや、ある程度単語の意味を推測することができる。

5章　英語の時制

　時制とは、その出来事が、いつ起きたのかを表す用法。英語には、現在時制と過去時制の2つがある。

　そして、この2つの時制がベースとなり、表現を豊かにするために、「すでに」の完了、「いま」の進行、「これから」の未来表現と、この3つが加わる。

　なお、君も誤解しているかもしれないが、現在形には「今、している動作」を表す用法は存在しない。
　すなわち、現在形は「普段していること・習慣」を表す。
　そして、過去でも、完了でも、進行でもない、それらに縛られない時制が現在形と言われている。

　いずれにせよ、英語の時制は、「過去・現在・未来の時の流れ」と「文法上の時制」との違いを理解することから始まる。

❶ 英語の時制に対する考え

1. 「時の流れ」と「時制」との違い

　私たちが刻んでいる時は、この瞬間のみ存在している。過ぎ去った過去も、迫りくる未来も、そこにはない。

　そして、地球上の生き物は、この瞬間を大切にして生きている。

　また、時間軸を生み出した人類は、連続する時の流れを過去・現在・未来に区別した。それは、言語の種類にとらわれない人類共通の時間感覚だ。

　一方、これとは異なり「英語の時制とは、動詞の形が変わることにより、時の前後関係を表す用法」といえる。

　そこで、時制を、過去・現在・未来という時間軸とは別の思考回路で理解することが必要となる。

　特に、英語には、日本語にはない「完了形」という用法がある。これが、日本人にとって、英語学習上の大きな壁となっている。

　いずれにせよ、日本語の感覚に囚われすぎて「文法として体系化された英語の時制」が理解できないと、完了形だけでなく、現在形すらも理解できないことになる。

2. 時制のパターン

英語の時制は、動詞を変化させることによって作られる。
そこで、studyという動詞を用いて示すと、

動詞の形	現在時制	過去時制
基本形	study	studied
進行形	am studying	was studying
完了形	have studied	had studied
完了進行形	have been studying	had been studying

《 時制のイメージ図 》

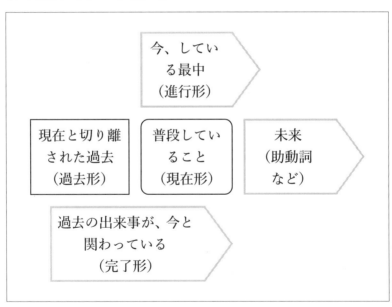

3. 動詞の形と活用

動詞の形には、現在形、過去形、過去分詞、現在分詞がある。

そして、動詞の形と活用の関係は、次のようになる。

活用区分	現在形	過去形	過去分詞	現在分詞
現在形の文	○			
過去形の文		○		
進行形の文				○
完了形の文			○	
される文			○	

また、この4つの形が規則的に変化する動詞と不規則的に変化する動詞がある。つぎに、不規則的に変化する動詞の一部を記載する。

現在形	過去形	過去分詞	現在分詞
am	was	been	being
are	were	been	being
begin	began	begun	beginning
buy	bought	bought	buying
come	came	come	coming
cut	cut	cut	cutting
do	did	done	doing

② 進行形と完了形の理解 ⋯⋯⋯⋯⋯⋯⋯⋯⋯⋯⋯⋯⋯⋯⋯⋯⋯⋯

1. 現在形と進行形

　次の現在形の文は、何を表わしているのか。

　　　I play the piano.

「私は、今ピアノを弾いている」ということではなく、「私には、ピアノを弾く習慣または能力がある」ことを表している。

　つまり、この現在形には「今、している最中」のことを表すことができない。

　その理由は、現在形が今を中心として、過去にも未来にも広がっていく「時に縛られない時制」であるからだ。

　そして、次の進行形が「今、している最中」を表すことができる唯一の時制である。

　　　I'm playing the piano.

　なお、この進行形には、次のような特徴がある。

◆ 「ing」で表現することにより、ピアノを弾いている様子をイキイキ伝える。

◆ それは、同じ状態が長く続くのではなく「一時的にしている」との意味合いがある。（例えば、I'm living in Tokyo.は、何らかの理由で一時的に東京にいることを表している）

◆ 元々「〜している」という意味を含んでいる動詞は、進行形を作らない。例えば、know　like　have など。

ここで、現在形が、どのようなケースで使われるのかを整理する。

《　時制に縛られないケース　》

     I like apples.

     I'm hungry.

     Oil floats on water.　（油は水に浮く）

このように、自分の考え・気持ちや事実を述べる場合には、現在形が使われる。

《　いつも成り立つこと　》

     I get up at seven **every morning**.

     I **always** have breakfast with my wife.

     I do my piano practice **every day**.

このように、昨日、今日、さらに明日もと続くことが前提になっている。そして、「いつも成り立つ状態」を述べる際には、現在形が使われる。

2.　過去形と完了形

過去形も完了形も、ともに過去に起こったことを述べている。では、完了形がなぜ必要なのかを考えよう。

     I ate lunch.

     I have eaten lunch.

過去形の場合は、昼食が終わったことを客観的に述べて

いるだけ。

　一方、完了形の場合は「今、お腹がいっぱいだ！」との気持ちを表している。

　このような気持ちを、きめ細かく表現できることが完了形の役割だ。

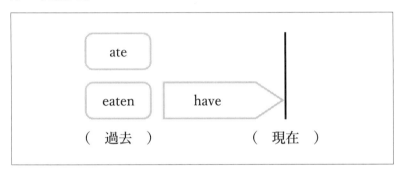

　この図は、「食べたということ（過去分詞eaten）」が「現在まで保持されている（haveしている）」ことを表している。

　いずれにせよ、話の内容が今の現実にも関わることか、それとも過ぎ去った過去に過ぎないか、それが完了形と過去形との分岐点となる。

　ここで、例文を通して完了形の特徴を理解する。

《　完了・結果　》

「宿題をちょうど終えたところだ」は、

　　I have **just** done my homework.

「まだ、終わっていないが、もう少しだ」は、

    I have **not** done my homework **yet**.

「あ、鍵がない」は、

    I have lost the key.

　このように、過去に始まったある動作が現在までに完了していること、その結果が現在どうなっているかを述べている。

《　経験　》

「ぼく、ピラミッドを見たことがあるんだぞ」は、

    I have seen Pyramid **once**.

「これまで、外国人と話したことがない」は、

    I have **never** spoken to a foreigner.

　現在までの経験を表す場合には、このように完了形が使われる。

　上記の例文は、次のようなニュアンスを持っている。

◆　本物のピラミッドを見たことを自慢したい気持ち。

◆　外国人と話したことがないので心配している様子。

　この用法では、次のような副詞を伴うことが多い。

　before（以前に）never（1度も～ない）once（1度）twice（2度）など。

《　継続　》

「この家に2000年から住んでいる」は、

  We have lived in this house **since** 2000.

「長年、彼を知っている」は、

  I have known him **for** many years.

　ここでは、ある状態が過去から現在まで継続していることを表している。

　そこで、基準となる時として、次のような副詞を伴う。

　例文では、sinceが「起点（〜から）」を表し、forが「期間」を表している。

3.　現在完了進行形

　現在完了進行形を使うことにより、連続した動作を強調することができる。それは、進行形の躍動感に、現在に迫りくる完了形の意識をプラスすることができるからだ。

　例文を示すと、

  It **has been raining** for three days.

　ここでは、3日前から降り続いている「今の雨」を眺めながら「いやな雨だな」という気持ちを表している。

  I **have been working** for 50 years.

　振り返れば、もう50年間も働いてきた。「今日も家族のために働いている」との気持ちを表している。

4. 完了形か過去形かの選択

例えば「ランチを食べましたか？」とたずねる場合、ま
だ、ランチを食べる時間帯であるときは、その可能性が残
っているので、完了形で表現する。

Have you had lunch?

しかし、このように文法的には、完了形を使うべき場面
でも、ネイティブの中には、過去形で済ます人もいる。

なお、夕方5時頃であれば、ランチの時間帯は終わって
いるので過去形が使われ、完了形は誤りとなる。

6章　活躍する助動詞

　英語における助動詞とは、文字どおり「動詞を助ける」品詞。

　つまり、動詞に、話し手の「意志」や「判断」などを加えるために用いる。

　現実の会話では、事実をそのまま伝えるだけでなく、自分の気持ちを語らなければならない。

　そして、「～できるかどうか」、「そうかもしれない」などの判断の幅なども表現することが必要になる。

　この章では、次の観点から、助動詞の働きを整理する。

◆　基本助動詞

◆　依頼の表現

◆　未来の表現

◆　文法機能を担う助動詞

❶ 基本助動詞

　まず、話し手の心理を表す助動詞、can may must から始める。

1.　能力を表す can

　can は「〜することができる」という能力を表し、技能や知識を身につけている場合に用いられる。

　　　He can speak Japanese, but he cannot write it.

　　　（日本語を話すことはできるが、書くのは苦手だ）

　完璧を求めない欧米スタイルの「I can do it.」と日本語の「できる」とは、ニュアンスが違う。

　また、欧米で、できる人とは、どこまでやれば良いかを柔軟に判断できる人のことで。それに比べ日本人は細かい、それが外国人には理解できないようだ。

2.　許可を表す can と may

《　相手の許可を求める場合 》

　例文を示すと、

　　　Can I use your bathroom?

　　　（トイレをお借りしてもよろしいですか？）

　　　May I come in?

　　　（中へ入ってもいいですか？）

　どちらかと言うと、May I 〜？は、相手の立場を尊重する言い方。そこで、日常会話では、Can I 〜？が使われることが多い。

《　許可を与える場合　》

　　　You may go home early today.

　　　（今日は、早く帰ってよろしい）

　これは、上の立場の人が、下の立場の人へ許可を与える言い方となる。

3.　義務・必要を表す must

　義務・必要を表す助動詞には、must や have to がある。例文で示すと、

　　　We must work to live.

　　　（生きるために働かなければならない）

　　　You have to pull it.

　　　（引っ張って開けるんだよ）

　なお、have to は、must より客観的で、強制の意味があまりない。この例文のように、手順・やり方を教えてあげたいときに使われる。

4.　推量の表現

　ある事柄を事実として、そのまま話すことは、実際にあまり多くない。

　「それは本当だ（It is true.）」というよりも、助動詞の力を借りて、「本当にちがいない」などのニュアンスを加えることにより、表現に幅を持たせることができる。

　そこで、話し手の事柄に対する確信度をまとめると、次のようになる。

区分	例　文	意　味
肯定	It must be true	本当にちがいない
部分否定	It may be true （It can be true）	本当かもしれない （本当の可能性がある）
否定	It can't be true	本当のはずがない

《　部分否定の may と can の違い　》

　may は、本当の可能性とそうでない可能性が、半々であるという意味を表す。

　can は、「〜がありうる」という意味の可能性を示している。

❷ 依頼の表現

英語の依頼表現には、Will you～？　以外にも、Can Could　Wouldを含めて4つある。

これらを使い分けるためには、それぞれの特徴を知ることから始まる。

1.　willとcanとの使い分け

Willは「意志」を表し、canは「能力」を表す。そして、相手が「できる」ことを前提に、お願いするときはWillを使う。

一方、「できる状況にあるか、どうか」を含めて依頼するときは、canが使われる。

例文で示すと、

　　　Will you lend me the book?

　　　（本を貸してくれませんか？）

　　　Can you tell me to the post office?

　　　（郵便局へ行く道を教えてくれませんか？）

相手が道を知っているかどうかが分からないので、この場合、willよりもcanの方が自然な表現となる。

2. Will you～？は、命令にもなる

Will you～？は、Can you ～？に比べると、相手に行動を促すニュアンスが強い。

さらに、言い方によっては、命令と受け取られることもある。

ともあれ、英語であれ、日本語であれ、どう伝わるかは、口調次第である。

3. より丁寧な表現を求めて

would　couldは、will　canの過去形として使われるが、「より丁寧な表現」のために使われることも多い。

それは、過去形を使うことで、現実との「距離感」を表している。この距離感が「～して頂ければと思うのですが」との控えめなニュアンスを表現している。

例文で示すと、

Would you lend me the book?

（その本を貸して頂けますか）

Could you tell me the way to the station?

（駅へ行く道を教えて頂けませんか）

また、pleaseやpossiblyなどを加えることにより「お願いしたい」とのメッセージを込めることもできる。

ただし、やり過ぎには気をつける。

4. 丁寧な表現の落とし穴

　何か仕事を頼まれ、couldを使って返事をしたとする。そのとき、このcouldのもつ「丁寧な表現による距離感」が、どのような意味をもつのか。

　　I can do it.
　　（私はできます）
　　I could do it.
　　（私ならできるかもしれない）

　この場合、canの方が、自信に満ちあふれている気持ちが伝わる。
　一方、couldの方は、いかにも自信がない印象を与えかねない。
　いずれにせよ、Couldやwouldが、そのまま丁寧な表現と短絡的に考えてはいけない。

　また、相手の状況に配慮して、そのことが可能かどうかを確認する表現として、will youとbe able toを組み合わせた文がよく使われる。
　　Will you be able to attend the meeting?
　　（出席は可能でしょうか？）

③ 多彩な未来表現

　私たちの活動の焦点は、現在と未来に向けられている。

　しかし、英語の時制には、過去形と現在形はあるが「未来形」は用意されていない。

　では、どのようにして未来を表現するのか。

　実は、英語には、未来を表すための多彩な表現方法が、いくつも用意されている。その中で、比較的に使われることが多い、次の4つを学ぶ。

　　◆　助動詞will

　　◆　現在進行形（計画している予定）

　　◆　be going to〜

　　◆　現在形　（確実な未来）

1.　助動詞 will が描く未来

　英語では、「予測（〜だろう）」と「今決めた意志（〜するよ）」の意味を助動詞willの力を借りて表現する。

　　　　It will be fine tomorrow.　　　　（天気だろう）

　　　　I will study English tomorrow.　　（勉強するよ）

　明日の天気を人間が決めることはできない。だが、人間には、未来のでき事を見通す力がある。それにより、未来を予測することになる。

　一方、明日、英語の勉強をするか否かは、自分の意志で決まるので、これを意志未来という。

　なお、意志未来の文になるのは、主語が1人称と2人称の

場合である。

　それは、3人称（その場にいない人）の意志を、誰も確認することができないため。

《　予測未来　》

　　　He will come here.

　　　（彼は来るでしょう）

　3人称である彼の意志は、確認のしようがない。もし、メールで催促したら、その時点で2人称となる。

　　　I will be 77 years old next year.

　　　（私は来年、喜寿になる）

　年をとるのは自然のことなので、「予測（〜だろう）」文となる。

《　意志未来　》

　主に2つのタイプがある。

【 自分の意志を述べる 】

　　　We will do our best.

　　　（私たちは、全力を尽くします）

【 相手の意志をたずねる 】

　　　Will you study home today ？

　　　（今日は、家で勉強するつもりですか？）

ところで、Will you 〜？は、「〜してくれませんか？」と依頼するときや「〜するつもりですか？」という未来のことをたずねるときのどちらにも使われる。

　どちらの意味で使われているか、その判断に迷うこともあるが、会話の状況と使われる述語動詞で判断する。

2.　現在進行形が描く未来

　will は「今決めた意志」や「決まっていない予測」を表す場合に使われる。

　これに対して、現在進行形は「計画している予定」を表現するときに使われる。

　　I'm having lunch with Meg on Sunday.
　　（日曜日にメグとランチの予定です）

　この進行形には、レストランなどの手配が、しっかりできている感触が感じられる。

3. 「be going to ～」との違い

　willの方が簡単そうだが、ネイティブは「be going to ～」をよく使う。それは、いつでも使える便利な未来表現だからかもしれない。

《　「Will」「進行形」「be going to」の3つの関係　》

今　決めた未来	計画している予定
そうだ、明日、英語の勉強をするよ。 I will study English tomorrow.	明日、英語の勉強をする予定だ。 I'm studying English tomorrow.
I'm going to study English tomorrow. 　このように「be going to ～」を使えば、どちらの意味にも使える。	

4.　確定的な未来

　列車の出発・到着は、予め決められた時刻で運行されている。それは、予定であるが「確定的な未来」であるため「現在形」が使われる。

　　The train leaves Tokyo at 11:15.
　　（電車は、11時15分に東京を出発する予定です）

④ 文法機能を担う助動詞

　これまでの can／may／must などの助動詞は、「できる」などの動詞としての意味も持っていた。

　しかし、ここで扱う do／be／have などの助動詞は、それ自体に「動詞としての意味」があるわけではないが、重要な文法機能を担っている。

1.　助動詞 do
《　否定文・疑問文を作る　》

　Ⅲの部8章と9章で説明。

《　命令文の否定形を作る　》

　Ⅴの部3章で説明。

《　動詞の意味を強調する　》

　次に来る動詞の意味を強調するとき、【do＋動詞原形】の形をとる。このとき、do を強く発音する。

　　　Do be quiet!

　　　（何で静かにできないのか）

　　　I **did** see a ghost.

　　　（私は本当に幽霊を見たんだ）

Ⅲの部　英語の基本

2. 助動詞 be

《 進行形を作る 》

　進行形の文を作るとき、【主語＋be動詞＋現在分詞】の形をとる。

　　　What **are** you **doing** now?

　　　I'm **playing** the piano.

「いま、何しているの？」「ピアノを弾いているところさ」

《 される文を作る 》

　される文を作るとき、【主語＋be動詞＋過去分詞】の形をとる。

　　　This book **is written** in English.

　　　（この本は英語で書かれている）

3.　助動詞 have

《　完了形を作る　》

完了形の文を作るとき、【主語＋ have ＋過去分詞】の形をとる。

　　I **have** already **done** my homework.
　　（もう宿題をやってしまった）

《　have to 文を作る　》

have to 文を作るとき、【主語＋ have to ＋原形動詞】の形をとる。

　　I **have to** go out.
　　（外出しなければならない）

4.　代動詞 do

英語では、同じ動詞を繰り返すのを避けるために、代動詞として do が使われる。

例文で示すと、

　　Do you play the piano?
　　Yes, I **do**. （はい、弾きます）

　　You speak English better than he **does**.
　　（あなたは、彼より上手に英語を話す）

7章　頻繁に使われる句動詞

　英語には、動詞に前置詞などを加えることにより、新たな意味をもつ「一つの動詞」を誕生させる技がある。

　例えば、look（見る）に前置詞を加えると、look after（〜の世話をする）look for（〜をさがす）などが誕生する。これが句動詞と言われるものだ。

　日常会話では、あえてむずかしい動詞は使わず、使い慣れた動詞と前置詞などを組み合わせた句動詞が頻繁に使われる。

　ここでは、句動詞を知るメリットと、その使い方を中心に学ぶ。

重要●混同される「動詞句」

　ともに、動詞からできている「かたまり」であるが、句動詞は、一つの動詞として機能する。

　一方、動詞句は、動名詞（reading comics）や現在分詞（that boy running in the park）などとして、文の中では、名詞・形容詞・副詞の働きをする。

■ 句動詞の役割

1. 句動詞とは何か

ところで、look at～やgo to～などは、意味が容易に推測できるので、これらを句動詞とは言わない。それは、新たな意味をもつ「一つの動詞」の誕生でなければならないからだ。

例えば「延期する」は、「postpone」という単語が存在するが、覚えやすい「put off」が使われる。

2. 句動詞を知るメリット

結果として、句動詞を知らないと、現実のコミュニケーションに支障をきたすことになる。

その理由を示すと、

◆ 句動詞は、使われる頻度が高いため、これを使うと伝わりやすい。

◆ 動詞が中学レベルの単語であっても、句動詞としての意味を知らないと、チンプンカンプンとなる。

◆ 繊細なニュアンスまでも表現できるため、効率的に表現の幅を広げられる。

◆ むずかしい動詞を覚える必要がなくなる。

❷ 句動詞の使い方

1. 句動詞のパターン

句動詞を分析すると、目的語をとるパターンが3つ、とらないパターンが1つあることが分かる。

句動詞をマスターする近道は、実際に使うことによって覚えること。

そこで、簡単な例文を示すことにする。

A　目的語をとるパターン

《　自動詞＋前置詞＋目的語　》

What are you **looking for** something?

（何をさがしているのですか？）

《　自動詞＋副詞＋前置詞＋目的語　》

I'm **looking forward to** seeing you again.

（再会することを楽しみに待っています）

《　他動詞＋副詞＋目的語　》

Let's **find out** more information.

（もっと多くの情報を見つけ出そう）

B　目的語をとらないパターン

《　自動詞＋副詞　》

I **get up** at seven every morning.

（毎朝、7時に起きます）

2. 目的語の位置

句動詞を使う上での注意点…それは「目的語の位置」。

そこで、句動詞take off（〜を脱ぐ）を使って、そのことを確認する。

　　　Take off **your shoes**.

　　　Take **your shoes** off.

この2つは、どちらかが正解ではなく、人それぞれが好みで使っている。つまり、基本は自由だが、習慣に従うことになる。

ところが、この目的語の位置ルールには、2つの例外がある。

例外1　目的語が代名詞のケース

代名詞が目的語となっている場合、次のパターンのみが正解となる。

　　　Take **it** off.

これは、理屈ではなく、ネイティブの感覚だと考える。

例外2　目的語の位置は前置詞のあと

　句動詞の中には、動詞と前置詞との間に、目的語を入れることができない場合がある。

　例えば、句動詞look after（〜の面倒を見る）の場合、目的語の位置が次のように決められている。

　　I have to look after **him**.

　　（私は彼の世話をしなければならない）

　これは、lookとafterを離すことが不自然に感じるためかもしれない。

8章　多様な否定表現

「No！と言える勇気」のある人とは…、日頃から、相手によって態度を変えず、率直に自分の考えを表明できる人かもしれない。

　どんな時でも、はっきり自分の考えや気持ちを伝えるために、どうしても否定の表現が必要になる。

　一方、すぐに否定するのではなく、相手を、そのまま受け入れることができる寛容さも求められる。

　素晴らしいことに、英語には、相手を嫌な気持ちにさせないための否定表現が数多くある。

　そこで、「否定とは何か」を考え、「否定文の使い方」を学ぶ。

1 否定とは何か

コミュニケーションにおいて、肯定か否定か、その態度を決めることは重要事項。

なかでも、英語は、重要事項から優先的に発言していく仕組みをもつ言語。

そのため、文の先頭部分で、すぐに否定語を言わなければならない。

故に、否定語が最後に来る日本語の発想を捨てないと、これからの国際社会では通用しないかもしれない。

1. 否定の選択

英語は構文上、日本語のように、相手の反応を見ながら否定するかどうするかを決めることができない。

そこでは、常に肯定文にするか、否定文にするかの選択が迫られる。

《 否定語を自然に使うためのポイント 》

◆ 対話において、肯定するか、否定かの態度を速やかに決めること。それができないと会話が続かない。

◆ 否定が必要と判断したときは、迷わず否定文でいく。そのために、英語には、否定のための表現が豊富に用意されているので、それを使えるようにする。

◆ 否定の理由を明確に説明する。そのためには、主体的な生き方に加え、ロジカルな思考が求められる。

146

2. 否定文の作り方

　英語には、大きく分けて、一般動詞文とbe動詞文がある。それにより、否定文の作り方も2種類に分かれる。

《　一般動詞のケース　》

　助動詞doの力を借りて、次のようにnotを使う。

> I do **not** like meat.
> I **don't** like meat.
> （私は肉が好きではない）

《　be動詞のケース　》

　be動詞の後ろにnotをつけるだけ。

> I'm **not** a teacher.
> （私は先生ではない）

❷ 否定文の使い方

1. 否定にも気配り

notはストレートすぎるので、実際の会話場面では、それを和らげる表現が多く使われる。

《　しかたなかった感を出したいとき　》

      I didn't finish my homework.

と単純に否定するのではなく、次のようにwasn't able to を使うことにより、自分のせいではなく特別な事情や状況があって無理だった、との気持ちを込めることができる。

      I wasn't able to finish my homework.

      （しかたがなくて、宿題ができなかった）

《　否定を和らげたいとき　》

      He is not bright.

      He is not very bright.

通常「賢くない」とストレートに言うことはない。それを和らげるためにvery bright（すごく賢い）を否定することにより「すごく賢いわけではない」との意味になる。

まさに、veryが否定を和らげる働きをしている。

2. 肯定か否定かは文脈が優先

《 否定は先出し 》

　提案されたアイデアに反対する場合、

　　　I think that's **not** a good idea. 　… ×

　　　I **don't** think that's a good idea. 　… ○

　　　(「良い考え」とは、思いません)

　文脈を優先する英語において、notを「後出し」することは、好まれない。

《 Yes と No の区別を明示 》

　否定の文脈で「もちろん」と言うときは、

　　　Of course not. と not を必ず付ける。

　同じように、否定の文脈で「どうして、いけないのですか」と聞くときは、

　　　Why not? と必ず not を付ける。

　なお、この Why not? は、このほか、「賛成（もちろん)」と「提案（〜してはどうか)」の意味でも使われる。

3. not 以外の否定語

　英語には、not 以外の否定表現が豊富にある。そのいくつかを紹介する。

I have **no** idea.
（さっぱりわかりません）
「知らない」ときは、I don't know.

I have **little** money.
（お金をほとんど持っていません）

There are **few** stars in the sky.
（空には星がほとんどない）

This tea is **too** hot **to** drink.
（この紅茶は、熱すぎて飲めない）

No one helped me.
（誰も助けてくれなかった）

I **never** give up.
（私は、決してあきらめない）

I **hardly** know him.
（私は彼をほとんど知りません）

9章　合理的な質問表現

　文の種類として、肯定文と否定文の他に、もう一つ必要なのが、質問文である。

　この質問文が使いこなせなければ、コミュニケーションは成り立たない。

　日本語の質問文は、文の最後に「か」を付けるだけで完成する。だが、英語の場合には、そう簡単ではない。

　そこで、質問文の作り方を体系的に整理する。
◆　質問の基本となる「一般疑問文」
◆　軽く念を押す日本語の「ね」感覚の「付加疑問文」
◆　知りたいことにフォーカスした「WH疑問文」

注）このほか、ほかの文の一部として利用する「間接疑問文」があるが、これは接続詞の章（IVの部）で検討する。

1 一般疑問文

1. 疑問文に2つの型

疑問文で一番大切なことは、相手に対し「これから質問をするぞ」とのサインを示すことにある。

そのサインには、「Do型」と「倒置型」の2つのパターンがある。

《 肯定文の先頭に「Do」を付ける 》

Do you like apples?

Does she speak English?

すべての一般動詞の疑問文は、この形をとる。

なお、主語が3人称単数のときは、Doesを用いる。

《 「主語」と「be動詞」の位置を倒置する 》

Are you hungry?

Is he a teacher?

すべてのbe動詞の疑問文は、この形をとる。

2. 答え文の作り方

一般疑問文に対する回答の仕方は、次のルールに従う。

答えの文が…

肯定文のときは「Yes」から始める。

否定文のときは「No」となる。

《　一般動詞の疑問文への回答　》

Do you like English?　　　Yes, I do.

No, I don't.

《　be動詞の疑問文への回答　》

Is this a tulip?　　　Yes, it is.

Are you a teacher?　　　No, I am not.

3.　YesとNoの使い分け

　日本語で「コーヒーは、お嫌いですか（Don't you like coffee?）」と質問されたとき、嫌いな場合には「はい、嫌いです」と答え、好きな場合には「いいえ、好きです」と答える。

　しかし、英語では、相手が使った動詞（ここではlike）を中心に、質問の仕方に関係なく、次のように答える。

《　コーヒーが嫌いな場合　》

No, I don't ［like coffee］.

（いいえ、好きではない）

《　コーヒーが好きな場合　》

Yes, I do.

（はい、好きです）

2 様々な疑問文

1.　一語を加えるだけの疑問文

　通常、一般疑問文は、文末を上げ調子で読む。たとえ、肯定文であっても文末を上げ調子で読めば、疑問形になる。

　実際には「right」「OK」などの単語を文末に加えて、上げ調子で読む方法が使われる。

　　You have a driver's license, **right**?
　　（運転免許は持っていますよね？）

　　Everyone must be here by 7 a.m., **OK**?
　　（みなさん、午前7時までに、ここに集まってください、いいですか？）

2.　あいづち疑問文

　相手の発言に対するあいづちには、Oh, really ？やThat's great. など、様々なものがある。

　相手の発言に対して、そこで使われた主語・動詞を「簡単な疑問形にして返す」だけの「あいづち疑問文」がある。

相手の発言	あいづち疑問文
I got into Tokyo University. 私、東大に受かったよ	Oh, did you? へえ、そうなんだ？
I can speak English. 私は、英語が話せるんだよ。	Can you? へえ、そうなんだ？
My father is a writer. 父は作家なんだ。	Is he? へえ、そうなんだ？

3. 付加疑問文

付加疑問文は、軽い疑問の気持ち（〜でしょう？）や念押し（だよね？）の意味合いを出すために使われる。

基本となる部分　付加疑問
You got into Tokyo University, didn't you? 君、東大に合格したん でしょう？
It's a beautiful day, isn't it? 素晴らしい天気だよね？

付加疑問の文末を上げ調子で読めば「軽い疑問」になり、下げ調子で読めば「相手に念を押す」ことになる。

それを分けるイントネーションに気をつけること。

❸ 疑問詞を使った質問文

　文の中で、主語、目的語、補語として働いている『名詞』について質問する場合には「疑問代名詞」を用いる。

　そして、文の要素にならない修飾語、すなわち『副詞』について質問する場合には「疑問副詞」が用いられる。

1.　疑問代名詞

　疑問代名詞には、who（誰）、what（何）、which（どちら）の3つがある。

《　他動詞　》

　I like tea. に対して、疑問文を作ると次のようになる。

　　　Who likes tea?

　　　What do you like?

　　　Which do you like better, tea or coffee?

《　自動詞　》

　I want to go to the UK. に対する疑問文を作ると、

　　　What country do you want to go **to**?

　この場合には、前置詞toを忘れないこと。

《 be動詞 》

Be動詞に関して、疑問文を作ると次のようになる。

Who is he?

What are you doing now?

Which is your umbrella?

2. 疑問副詞

疑問副詞には、when（いつ）、where（どこ）、why（なぜ）、how（どのように）の4つがある。

《 一般動詞 》

Where do you drink tea?

When do you drink tea?

How do you come to English Cafe?

Why do you study English?

《 be動詞 》

Where is your school?

When was that?　　（それは、いつでしたか）

How are you?

Why are you late?

3.　疑問形容詞

　疑問代名詞の中には、「疑問代名詞＋名詞」の形を使う便利な質問表現がある。

　このときの疑問代名詞を疑問形容詞という。

　　What do you like?

　こう質問をされると、戸惑ってしまう。そこで「疑問形容詞」を使うと、

　　What sport do you like?

　　（どのスポーツが好きですか）

　この質問であれば、スポーツ名を挙げることになる。

　　What kind of sport do you like?

　　（どのようなスポーツが好きですか）

　この質問であれば、スポーツの種類を答えることもできる。陸上競技、球技など。

　また、モノの所有者をたずねる便利な質問として…

　　Whose racket is this?

　　（これは、誰のラケットですか）

4. How much?

How much? は、値段と量をたずねる場合に使われる。

《　量についての質問　》

「How much ＋モノ」の形をとる。例文で示すと、

How much **water** do you need?

（君は、どのくらいの水が必要ですか）

How much **knowledge** do I need?

（私は、どのくらいの知識が必要ですか）

なお、数えられる名詞の場合「How many ？」を使う。

《　値段についての質問　》

「How much ＋ **be動詞** ＋モノ」の形をとる。例文で示すと、

How much is this ice cream?

（このアイスクリームは、いくらですか）

なお、次の文は量についての質問で、値段をたずねていないことに注意する。

レストランで支払いを済ませた友人に対して…

How much do I owe you?

（いくら払えばいいですか）

10章　代名詞の働き

　8つしかない品詞の中に、代名詞がその一角を占めている。その重要性に気付いた人もいるかも知れない。

　　　I like it.

　このitは、話題の中で出てきた、apples　book　carなど、人間以外のすべてのモノの代りとなることができる。

　英語では、同じ言葉の繰り返しを避けるため、itなどの代名詞や代動詞などが発達した。

　日本語感覚にない、この代名詞を使いこなすことが、英語をマスターする上で、最も重要な課題の1つである。

　そこで、次の順に検討する。
　　　◆　人称代名詞
　　　◆　指示代名詞の使い方
　　　◆　Itの用法
　　　◆　その他便利な代名詞

注）疑問代名詞は「前の章」、関係代名詞は「IVの部の最終章」に記載。

❶ 人称代名詞

　英語には、I　you　it　somebody　everything など、代名詞の種類は多い。そこで、代名詞の基本である人称代名詞から始める。

1.　日本語との違い

　ここで、日本語と英語の発想の違いを確認すると、次のようになる。

◆ 日本語では「あなた」と呼びかけることはあるが、英語の世界では、名前のある人に向かって、呼びかけとして「You！」を使うことは、大変失礼なことになる。

◆ 日本語では、自分の呼び方がいくつもあるが、男女、地位など関係なく、英語では、たった1つ「I」だけである。その他のYouなども一つしかなく、代名詞は、とてもシンプルとなっている。

◆ 日本語では、同じ名前（例えば楠山さん）が何回繰り返されても不自然ではないが、英語では、同じ名詞を繰り返して使うことはない。

2. 人称とは何か

　あなたが、友人にむかって、あなたのお母さんの話をしているとすると、話しているあなたが1人称、それを聞いている友人が2人称。

　そして、その場にいないお母さんが3人称となる。

　なお、3人称に関しては、そこにいないため、人間か人間でないか、男性か女性か、を明確に区分している。

人　称	単　数			複　数		
	主格	所有格	目的格	主格	所有格	目的格
1人称	I	my	me	we	our	us
2人称	you	your	you	同　　　左		
3人称	he	his	him	they	their	them
	she	her	her			
	it	its	it			

　2人称は、単数と複数が同一の形となっている。では、どうやって区別するか。それは、Youが使われる状況から君が判断することになる。

3. 主格と目的格

　英文では、主語や目的語の位置が厳格に定められている。

　主格とは、その人称代名詞が主語の位置で使われ、目的格とは、目的語の位置で使われることを示している。

　人称代名詞における「格とその位置」は、厳格に対応しているので、間違えないようにする。

4. 所有格

《 **my** bike （私の自転車）》

これは、「所有格＋名詞」の形で使われる。

　　　my wife　**our** house　in **my** hand　**her** hair

英語では、誰が所有・支配しているものであるかが重要なため、この所有格を付けた表現が普通に使われる。日本語にはない習慣のため、付け忘れることも多い。

《 **mine** （私のもの）》

さらに、進化して「所有格＋名詞」を1つの「所有代名詞」に置き換えることができる。

それは、my bike を mine の一語で表現できることを意味する。使い方を例示すると、

　　　He is a friend of **mine**.

　　　（彼は友人の1人だ）

　　　That secret is **ours**.

　　　（これは、私達だけの秘密にしておこう）

《 **Meg's** bike （メグの自転車）》

この「's」を「所有のS」という。意味は「メグの自転車」の「の」にあたる。

❷ 指示代名詞の使い方

　英語では、具体的な名詞を使わなくても、人、こと、モノを直接指し示すことができる。

　そして、近いところのものを指すthis、離れたところにあるものを指すthatが指示名詞とてして使われる。

　使い方を例示すると、

《　主語として　》

　　　This is my tenth birthday.

　　　（今日は、私の10回目の誕生日です）

《　目的語として　》

　　　I'll give you this.

　　　（あなたにこれをあげよう）

《　形容詞として　》

　　　This bag is too small.

　　　（このバッグは小さすぎる）

　後ろに名詞を伴い、形容詞として使われることも多い。

《　距離感の対比　》

This is my coat and **that** is yours.

（これが私のコートで、あれがあなたのよ）

　この距離感は、物理的な距離だけでなく、時間的、かつ、心理的な距離も含まれる。

《　過去を思い出して　》

That was a really nice dinner.

（あれは本当に美味しい夕食だった）

　thisやthatは、具体的なものを指すだけでなく、話の内容や思い出なども指すことができる。

3 itの用法

1. 「the＋名詞」

「the＋名詞」を、itで表すことができる。

I have a car.　　　　　（私は車を持っている）

It（＝ **The car**）is good.　（その車は、素敵だ）

　英語は、何回も同じ名詞を繰り返さないので、このように、itが広く使われている。

2.　What〜？の受け

What is that?　（あれは何だ？）

It is a bird.　（鳥だ）

このように「What〜？の受け」のときは、「that」の場合であっても、必ずitで受ける。

重要●人称代名詞としてのit

　人間であっても、それが誰であるか判らないときは、itを使う。

Who is it?　（誰ですか？）

It's me.　（私です）

---

3. 意味なしの it

itが「それは」などの意味を持たないで利用されることがある。これは、itのみに認められているため「itの特別用法」という。例示すると、

《 時刻を表す 》

> It is ten o'clock. （10時です）

《 天候などを表す 》

> It is cloudy. （曇りです）
>
> It is cool. （涼しいです）

《 距離・時間を表す 》

> It takes only seven minutes there.

（そこへ歩いて行くのに7分しかかからない）

4. it ～ to構文

不定詞句やthat節が主語となる場合、文頭に形式主語としてitを置き、真の主語である不定詞句やthat節を後ろに配置する。

例文を示すと、

> It is not difficult to speak English.
>
> It is not difficult that you speak English.

（英語を話すことは困難ではない）

5. it と that の違い

　日本人はitを多用しがち。itは人称代名詞、thatは指示代名詞であるため、両者の間には微妙な違いがある。

　使い分けのポイントは、次の2つ。

《　itは単語にフォーカス、thatは文全体をイメージ　》

　　　I think this word is misspelled?

　　　（スペルが間違っていると思いますが？）

　　◆　単語にフォーカスすると…　It is right.

　　（その単語のスペリングは正しいよ）

　　◆　文全体でとらえると…　That is right.

　　（君の言う通りだね、スペルが間違っている）

　このように、Itを使うかThatを使うかで、意味が真逆になる。

《　itは一般的な意見、thatは主観的な感動　》

　　　It is good for our health.　（それは健康にいい）

　　　That is a good idea.　　　（それは名案だ！）

　いずれにせよ、自分の感動を伝えたいときには、thatを使うことになる。

4 その他便利な代名詞

　ここで、「不特定の人、モノ、数量」などを指すために用いられる便利な代名詞を紹介する。

《　全員へのあいさつ　》

Hello, **everyone**.

（みなさん、こんにちは）

《　We と all を同格にして　》

We **all** like him.

（私たちは、みんな彼が好きです）

《　人を気遣うときのひと言　》

Is **everything** OK?

（だいじょうぶ？）

《　Some と others の対比　》

Some say "yes" and **others** say "no".

（ある人々は賛成し、ほかの人々は反対した）

《　贈り物を渡すときの決まり文句　》

Here's **something** for you.

（これを君にあげます）

《 疑問文・否定文では anything 》

Would you like **anything** else ?

（ほかに何か欲しいですか）

《 形容詞のように名詞の前に置くパターン 》

Any other question?

（ほかに何か質問がありますか）

《 一番好きなものを選ぶとき 》

Which **one** would you like?

（どれが欲しいですか？）

I'd like **this one** please.

（これをください）

《 多くの数を表現するとき 》

Ann has a lot of comic books, but Tom has **more** and Shawn has **the most**.

（アンは、たくさんのマンガ本を持っているけど、トムの方が持っていて、ショーンが一番たくさん持っている）

11章　副詞の役割

　英語の品詞の中で、最もあいまいなのが副詞と言われている。副詞は、その種類も豊富で、文中の位置も、その自由度は高い。

　この副詞は、基本文型の構成要素である動詞・名詞・形容詞だけでは伝えられない内容を、より豊かに表現するのに役立っている。

　その役割を、次の点から説明する。

◆　副詞の表現力

◆　副詞は、何を修飾するのか

◆　副詞の位置は、どのように決まるのか

◆　どのような副詞があるのか

❶ 副詞の表現力

「甘いものがあまり好きではない」ことを相手に伝えたいとき、I don't like sweets. では、「甘いものが嫌い」という意味になってしまう。

1.　気持ちを伝える

　では、どのようにしたら君の気持ちを伝えられるのか。それを解決するための品詞が副詞にある。

　例えば、否定文に、very much を付けると、very の「とても」が「あまり」という意味に変化して、「食べられないわけじゃないけど」という含みが出せる。
　例文で示すと、

　　　I don't like sweets **very much.**
　　　（甘いものがあまり好きではない）

　また、「really」は「とても、すごく」という意味だが、「not」で「really」を否定することにより「あまり〜でない」という意味になる。
　例文で示すと、

　　　I **don't really** like sweets.
　　　（甘いものがそれほど好きというわけではない）

2. 副詞は、何を修飾するのか

　形容詞が名詞を修飾するのに対して、副詞は名詞以外の品詞を修飾することができる。

　それは、動詞、形容詞、ほかの副詞を修飾するほか、文全体を修飾する。

　例えば、以下のように修飾する。

《　動詞を修飾　》

　　　　She plays the piano **well**.

　　　　（彼女はピアノを上手に弾く）

《　形容詞を修飾　》

　　　　I'm **very** tired.

　　　　（私はとても疲れている）

《　副詞を修飾　》

　　　　Don't speak **too** fast.

　　　　（あまり速く、しゃべらないで）

《　文全体を修飾　》

　　　　Finally, his dream has come true.

　　　　（ついに彼の夢は叶った）

2 副詞の位置

　形容詞に比べ、副詞の位置は自由度が高く、文頭・文中・文末など、文のリズムや微妙なニュアンスによって変化する。

　また、同じ副詞でも、その位置により文の意味が変わることもある。

1.　動詞を修飾する場合

「どのように」動作が行われているかを表す場合、副詞は、動詞の直後に置かれる。

　　　He speaks **slowly**.

　　　（彼は、ゆっくり話す）

　では、動詞が他動詞で目的語がある場合にはどうなるか。原則として、目的語の直後に副詞は置かれる。

　　　She took my advice **happily**.

　　　（彼女は、私のアドバイスを喜んで受け入れた）

　頻度を表す副詞は、動詞の前に置かれる。

　　　I **always** get up at ten［minutes］past six.

　　　（私は、いつも6時10分過ぎに起きる）

時を表す副詞は、ほとんど文末に置かれる。

I played soccer **yesterday**.

（私は、昨日サッカーをした）

また、場所を表す副詞があれば、時を表す副詞の前に置かれる。

He went **there** yesterday.

（彼は、昨日そこへ行った）

2. 形容詞・副詞を修飾する場合

基本的には、形容詞・副詞を修飾する場合、その単語の前に副詞を置く。

次の文は、very も hard も副詞のケース

It rained **very hard** this morning.

（今朝はとても激しく雨が降った）

ただし、次のように、形容詞や名詞句の後ろに置くパターンがある。

This cap is big **enough** for me.

（この帽子は、ちょうどいい大きさだ）

I saw a rainbow a few days **ago**.

（2～3日前に虹を見た）

3. 文全体を修飾する場合

Hopefully（願わくば）やFortunately（幸いなことに）など、話し手の感情が込められている副詞は、文頭に置くことにより、文全体を修飾することができる。

また、副詞の位置により、文の意味が変わることもある。

He didn't die happily.

（彼は、幸福な死に方をしなかった）

Happily, He didn't die.

（幸運にも、彼は死ななかった）

4. notの位置

副詞notは、その後ろを否定する。

《 really goodを否定する場合 》

This cake is **not** really good.

（あまり美味しくはない）

《 not goodをreallyで修飾する場合 》

This cake is **really** not good.

（本当に、美味しくない）

このようにnotとreallyとの位置関係が変わることにより、その意味は全く異なる。

また、友達から誘われて、あまり行きたくないので「遠慮しておくよ」と断る場合、Not reallyが使われる。

❸ どのような副詞があるのか ·······

　主な副詞を例示するので、辞典を開いて、その使い方を確認すること。

《　時を表す　》

　now（今は）today（今日は）yesterday（昨日は）

　tomorrow（明日は）after（後で）before（前に）

　already（すでに）soon（間もなく）then（その時）

　later（その後）recently（最近）forever（永遠に）

《　場所を表す　》

　here（ここに）there（そこに）somewhere（どこかに）

　near（近くに）far（遠くに）away（離れて）

《　頻度を表す　》

　always（いつも）almost（ほとんど）

　usually（たいてい）often（しばしば）

　sometimes（ときどき）rarely（たまにしかしない）

　hardly（ほとんどない）never（一度もない）

《　態度や状態を表す　》

　wrong（間違えて）right（正しく）badly（悪く）

　fast（速く）quickly（素早く）slowly（遅く）

　easily（簡単に）happily（幸福そうに）

　carefully（注意深く）suddenly（急に）

《　程度を表す　》

most（もっとも）very（とても）much（はるかに）

quite（完全に）hard（非常に）well（申し分なく）

enough（十分に）rather（かなり）almost（ほとんど）

just（ちょうど）exactly（きっかり）nearly（ほぼ）

so（そんなに）too（あまりにも〜過ぎる）

more（もっと）only（ほんの）little（ほとんどない）

《　原因・結果を表す　》

so（なので）then（それでは）therefore（ゆえに）

finally（最終的に）

《　肯定・否定を表す　》

yes（はい）certainly（もちろん）exactly（その通り）

probably（おそらく）not（〜でない）

no（いいえ）never（決してない）

not at all（全くない）hardly（ほとんどない）

Ⅲの部　了

IVの部

文を広げる

英語は、とてもシステマティックな言語となっている。そのため、文を階層的に組み上げる技術さえあれば、いくらでも、文をロジカルに広げることができる。

　まず、最初にすべきことは、文の骨格である基本３文型に加え、伝えるための情報のエッセンスが凝縮されたSVOO・SVOC文型を自分のものにする必要がある。

　しかも、とても素晴らしいことに、英語には、文を広げる仕組みが、以下のように用意されている。

◆　前置詞は、位置関係などを表す「小さな単語」にすぎないが、前置詞句を作り名詞と動詞を修飾する。

◆　「to＋動詞」の形をした不定詞は、動詞、名詞や文と結びつくことによって、名詞的・形容詞的・副詞的な役割を演じる。

◆　一つの単語が動詞の意味と形容詞の働きを分け持つ現在分詞・過去分詞は、形容詞句を作って名詞を修飾したり、SVC・SVOC文型で補語の働きをする。

◆　等位接続詞は、対等な関係にあるものを結びつけ、従位接続詞は、補足情報の文をつなぐ役割をしている。

（プロローグより転記）

1章　文型の進化

　SVOから進化したSVOO文型とSVOC文型は、とてもシンプルで美しい。

　そこには、伝えるための情報のエッセンスが、ムダなく凝縮されているようだ。

　　He taught me English.　　svoo
　　（彼は私に英語を教えてくれた）
　　I saw her dancing.　　　　svoc
　　（私は彼女がダンスをしているのを見た）

　かつて、仕事で日本語に翻訳された業務マニュアルをめぐり議論したことがあった。そんな時、英語の原文にあたる先輩がいた。

　不思議なことに、英語のもつシンプルな表現が、問題解決の糸口になることが多かった。

　この英語の魅力を知ると、世界の情報を英語で読み解くスタイルが、スタンダードとなっていくと考える。

1 SVOO文型

1. この文型の語順

この文型は、「SがO1にO2をあげる」という意味を表すため、次のような語順を作っている。

S	V	O1	O2
He	gave	me	a birthday present.

この意味は「彼が、私（O1）に、誕生日プレゼント（O2）をくれました」となる。

2. 2つの目的語

この文型の特徴は、動詞の後ろに目的語が2つ並んでいること。

◆ O1「〜に」は「間接目的語」と呼ばれ、主に「人」を表す言葉が入る。

◆ O2「〜を」は「直接目的語」と呼ばれ、主に「もの・こと」を表す言葉が入る。

この2つの目的語を正しい順序で並べることが、この文型を使いこなすためのポイントとなる。

3. SVOO 文型に使う動詞

SVOO に使う動詞は限られている。give（与える）tell（伝える）teach（教えてあげる）send（送る）buy（買ってあげる）make（作る）など。

これらの動詞に共通しているのは、モノを中心として、人と人との関係がどのようになっているかを示している。

また、大きく2つの型に分かれる。
《　相手がいないと、その動作ができない　》
相手に届くことをイメージした型。

I handed **her** my house key.
（彼女に家のカギを渡した）

《　相手がいなくても、その動作ができる　》
行為そのものをイメージした型。

She made [**me**] dinner.
（彼女は［私に］夕食を作ってくれた）

4. O2になれる名詞

純粋な名詞だけでなく、名詞句や名詞節などの大きなかたまりも、O2になることができる。

I can teach you **how to use it**.
Show me **that you love me**.

5. マイナスの授与

授与動詞は「あげる・くれる」を表すが、動詞によって
は「マイナスの授与」、つまり「奪う」関係を表す。

例えば、

The homework **took** me three hours.

（宿題に、3時間もかかったよ）

take は「手に取る」動作だが、これを授与動詞として使
うと、誰かから何かを奪う関係となる。

ここでは「私から3時間奪う」という意味となる。

また、例えば、

This book **cost** me a thousand yen.

（この本は千円した）

cost は「時間、お金がかかる」という意味で、ここでも
「奪う」関係となっている。

❷ SVOC文型

1. この文型の語順

　この文型は、「Sは、O＝CにVする」という意味を表すため、次のような語順を作っている。

S	V	O	C
Meg	made	me	happy.

　C（補語）の位置にあるhappyは、形容詞だが、その外、名詞、現在分詞、過去分詞、不定詞などが入る。

2. 目的語と補語の関係

　この文型は、O（目的語）とC（補語）が並ぶ。重要なのは、OとCがイコールの関係にあること。

　振り返ると、SVC文（I am happy）では、VがSとCにはさまれて、ちょうど「＝（イコール）」の役割を果たしていた。

　このSVOC文型のOとCも「O＝Cの関係」になっている。そして、両者の間にVがないのは、be動詞が隠れているからにほかならない。

　いずれにせよ、「O＝Cの関係性」を理解することが、この文型を攻略するカギとなる。

3. SVOCに使われる補語

この文型に使う動詞は限られているが、その動詞のタイプにより、「OとCの関係」が微妙に異なる。

例えば「O＝Cだと思う」「OをCにする」「OをCの状態にしておく」など。

そこで、補語のバリエーション別に例文を示す。

《　名詞　》

　　Please call me **Meg**.

　　（私をメグと呼んでください）

《　形容詞　》

　　I made him **angry**.

　　（私は彼を怒らせた）

《　不定詞　》

　　I want you **to meet our new friend**.

　　（私たちの新しい友達に会ってもらおうと思います）

　　I listened to him **play the piano**.

　　（私は彼がピアノを弾いているのを聴いた）

例文のように「見る、聞く」などを表す動詞を知覚動詞と呼ぶ。「知覚動詞＋人＋**原形不定詞**」で、「人が〜するのを見た」という意味になる。

参考▷原形不定詞

　不定詞には、to のつくものと、原形不定詞のように、to のつかない不定詞がある。

《　現在分詞　》

　　I heard someone **playing the piano**.

　　（私は誰かがピアノを弾いているのが聞こえた）

　このように、補語に現在分詞を置くことができる。

《　過去分詞　》

　　I had my hair **colored**.

　　（私は、髪を染めた）

4. 「SV + C」文

「彼は、お腹を空かせて帰ってきた」を英文で表現しよう
とすると、次の2つの文ができる。

> He came home.
>
> He was hungry.

ここで、よりシンプルな表現を求めて、次の操作を行う。

◆ He は2つあるので、一つ落とす。

◆ SVC 文型の be 動詞は、時制を示す以外には、特別な働
きがないので、be 動詞「was」も落とす。

◆ 残った形容詞「hungry」を完成文「He came home.」の
文末にパーツとして加える。

すると、hungry を主格補語とする「SV + C」文が出来上
がる。

> He came home **hungry**.　　　　（形容詞）
>
> （彼はお腹を空かせて、家に帰ってきた）

この応用として、次のような文が生まれる。

> He came home **running**.　　　　（現在分詞）
>
> （彼は走って、家に帰って来た）
>
> He came home **tired**.　　　　（過去分詞）
>
> （彼は疲れて、家に帰って来た）
>
> He came home **with no money**.　　（with + 名詞）
>
> （彼は無一文で、家に帰って来た）

2章　前置詞は小さな巨人

　前置詞それ自体は、位置関係などを表す「小さな単語」にすぎない。

　しかし、名詞の直前に置かれることにより、ひとつのかたまりとしての「前置詞句（on the desk)」をつくることができる。

　それが形容詞句または副詞句として、文の中の名詞や動詞を修飾する。

　もし、前置詞の選択を誤ると、伝えたい内容の意味が変わってしまい、メッセージが伝わらなくなることもある。

　いずれにせよ、伝わる英語を話すためには、前置詞を正しく選択できる力が求められる。

◼1 前置詞とは何か

1.　前置詞とは

　前置詞は、名詞や代名詞の前に置いて「その名詞に意味を付け足す詞」のこと。決して、単独では使われることがない。

　そして、常に「前置詞＋名詞」の形をとり「前置詞句」という一つのかたまりをつくる。

2.　多様な意味を持つ前置詞

　1つの前置詞が複数の意味を持つため、それぞれの意味を使い分けることが重要となる。

　そこで、前置詞を言葉（日本語）で覚えるのではなく、それを「イメージ」で覚える。そして、そのメインとなるイメージが理解できると、前置詞が使えるようになる。

3.　どんな種類があるのか

　小さな単語である前置詞には「at」「on」「in」「to」「from」「for」「by」などがある。

　主に「場所」や「時間」を表すが、「方向」「手段」「素材」「目的」など、多彩な表現力を秘めている。

　なお、前置詞句は、文で覚えることが近道かもしれない。

　　The house is on fire!　（その家が火事だ！）

❷ どんな使い方があるのか

1. 前置詞句の2つの働き

ひとかたまりとなった前置詞句（前置詞＋名詞）は、形容詞や副詞の働きがある。

そして、形容詞句は、名詞を修飾し、副詞句は名詞以外（動詞、形容詞、副詞、文全体）を修飾することができる。

2. その見分け方

ここで、2つの働きの見分け方を理解する。

《 副詞と前置詞句の見分け方 》

He looks **about** him. （彼は自分の周りを見回す）

He looks **about**. （彼は周りを見回す）

上段のaboutは、名詞himの直前に位置するので、前置詞とみなす。

下段のaboutは、文全体から考えると、動詞lookを修飾しているので、副詞とみなす。

このように、前置詞の多くは、スペルが同じ副詞があるため、その見分け方が重要となる。

He is **in** the room. 前置詞

He is **in**. 副詞（彼は中にいます）

《　形容詞句か副詞句かの見分け方　》

The book on the desk is mine.

Put the book on the desk.

　上の2つの文には、同じ前置詞句（on the desk）が使われているが、その働きは同じではない。

　上段では、前置詞が主語の The book を修飾している。これは、「机の上の本」という意味で、形容詞句となる。

　一方、下段では、the book は、動詞 put の目的語となっている。

　そのため、この前置詞句は、本を置く場所を示す副詞句となる。

3. 前置詞＋動名詞

　名詞の働きをする動名詞に、前置詞をつけると、次のように、前置詞句として使うことができる。

　　　I'm interested **in studying** English.
　　　（私は英語の勉強に興味がある）

　　　I'm looking forward **to seeing** you.
　　　（お会いするのを楽しみに待っています）

4. 前置詞を付けない「時の表現」

　英語で、時を表現する場合、以下のような前置詞が使われる。

　　　何時に　　　　　　　　　　　　　at seven
　　　何日に　何曜日に　　　　　　　on Monday
　　　何月に　ある季節に　何年に　　in April

　ところが、名詞weekに関しては…this weekが「今週に」という意味でも、前置詞をつけない。

　　　I have a test this week. （今週テストがある）
　　last week（先週に）やnext week（来週に）も同じ。

5. 前置詞＋here

live here（ここに住んでいる）、come here（ここへ来る）、Look here!（こっちを見よ）のhereは、みな、動詞を修飾している副詞で、意味は基本的に同じ。

ところが、「名詞のhere」に前置詞を加えると、次のように様々な意味を表現できるようになる。

For here or to go?

（ここで召し上がりますか、お持ち帰りになりますか）

Is there a post office **near here**?

（この辺に郵便局はありますか）

It's cold **in here**.

「in here」は「囲まれた場所や空間」を指し、車の中で言ったら「この車の中が寒い」という意味になる。

6. 日本語の助詞との違い

英語の前置詞は、日本語の「て」「に」「を」などの助詞と似たところもあるが、違うものと考えた方が良い。

例えば「私は彼女の質問に答えた」を英語にすると、

I answered **to** her question.

これは誤りで、正しくは、to　を入れないで、

I answered her question.　となる。

いずれにしても、日本語の表現にとらわれずに、動詞の使い方を辞書で確認することが重要となる。

3章　文を広げる不定詞

「to＋動詞の原形」の形をした「不定詞」は、いろいろな品詞と結びつくことができる。

　例文で示すと、
- ◆ 動詞＋不定詞　　　I **like** to eat.
- ◆ 名詞＋不定詞　　　I want **something** to eat.
- ◆ 文＋不定詞　　　　**I stay home** to study homework.
- ◆ 疑問詞＋不定詞　　I don't know **what** to do.

　この名詞的・形容詞的・副詞的用法を使いこなすことができると、文が広がり、伝えたい内容を充実させることができる。

　そして、不定詞は、これからすることを表すため「未来を指向しているイメージ」を持っている。
　それは、前置詞「to」が持つイメージ「〜の方に心が向いている」とも一致している。

❶ 不定詞の3つの用法

1. 名詞的用法

文の中で名詞の役割を果たす。意味としては「〜すること」になる。

《　目的語として　》

I like **to read books**.

《　補語として　》

My hobby is **to read books**.

《　主語として　》

To read books is interesting.

不定詞を主語にする用法は、固い印象があるので、次のような表現も使われる。

Reading books is interesting.

It is interesting **to read books**.

また、形容詞と不定詞の間に「for 人」を入れると、意味上の主語を表すことができる。

It is easy **for me** to speak English.

（私にとって、英語を話すことは簡単です）

2. 形容詞的用法

　形容詞的用法の不定詞は、名詞や代名詞を修飾する役割がある。「名詞＋不定詞」という形を取り、名詞を後ろから形容する。例文で示すと、

　　　I have many **books to read**.

　　　（私は、たくさんの読む本を持っている）

　　　I have **something to do**.

　　　（私は、しなければならない事がある）

3. 副詞的用法

　文の中で副詞の役割を果たす。意味としては、目的を表す「〜するために」と、原因・理由を表す「〜して」がある。

《　目的を表す　》

　　　I stay home **to help** Mother.

　　　（母を助けるために家にいる）

《　原因・理由を表す　》

　　　I'm very glad **to see** you.

　　　（君に会えてうれしい）

　このように、不定詞は、感情を表す形容詞と結びついて「感情の原因」を表す。

❷ その他の用法

1. 疑問詞＋不定詞

この組み合わせも、日常会話でよく使われる。

例文で示すと、

> I don't know **what to say**.
>
> （何を言うべきか分かりません。）
>
> Please tell me **which way to go** for the bus stop.
>
> （バス停に行くには、どちらの道を行けばいいか教えてください。）
>
> I don't know **where to go**.
>
> （どこに行けばいいか分からない）
>
> Please tell me **when to start**.
>
> （いつ始めればいいか教えてください。）
>
> Please teach me **how to swim**.
>
> （私に泳ぎ方を教えてください）

2. SV＋人＋不定詞

よく使うこのパターンは、以下の3つ。

《　ask 人 to 〜：人に〜するよう頼む　》

He **asked me to close** the door.

（彼は私にドアを閉めるよう頼んだ。）

《　tell 人 to 〜：人に〜するよう言う　》

Mother **told me not to go** there alone.

（母は、私に一人でそこに行くなと言った。

《　want 人 to 〜：人に〜してほしいと思う　》

I **want you to come** to the party.

（あなたにパーティーに来てほしいと思っている。）

3. 原形不定詞の用法

SVOC文型では、原形不定詞が使われるが、それは、次のパターン。

《　知覚動詞の場合　hear、feel、see など　》

We hear her **play** the piano.

（私たちは彼女がピアノを弾くのを聞きました。）

《　使役動詞の場合　let、make、have など　》

I have my hair **cut** once a month.

（私は、一か月に1回、髪を切ってもらいます。）

4章　現在分詞・過去分詞

　英語には、一つの単語が動詞の意味を持ちながら形容詞の働きを分け持っている分詞がある。

　この分詞には、次の2つがある。

◆「～している（that running boy）」を表現する現在分詞

◆「～された（the broken glass）」を表現する過去分詞

　分詞の使い方は、次の通り。

◆　名詞の前、または後に分詞を置くことにより、その名詞を形容する。

◆　SVCやSVOC文型で補語の働きをする。

◆　分詞を先頭にして、副詞句（分詞構文）を作る。

　このほか、動詞の意味を持ちながら名詞の働きを分け持っている詞、すなわち「動名詞（reading a book）」についても検討する。

❶ 2つの分詞の働き

1. 分詞は、どんな形をしているのか

　現在分詞は、「動詞＋ing」の形をしている。

　例えば、sleeping（眠っている）、eating（食べている）、working（働いている）など。

　過去分詞は、「動詞＋〜ed」の形をしている。

　例えば、used（使用された）、collected（集められた）など。broken（壊された）written（書かれた）など、不規則に変化する形もある。

　また、これらの分詞を能動分詞や受動分詞と名付ける人もいるが、現在分詞・過去分詞は、その名称に関わらず、時制との関係はない。

2. 現在分詞の持つ意味

「〜している」とのニュアンスをもつ現在分詞は「眠っている赤ちゃん」「あの走っている少年」など、目の前で起こっていることを表現するときに使われる。

　　　a **sleeping** baby

　　　that **running** boy

3.　過去分詞の持つ意味

「〜された」とのニュアンスを例文で示すと、

　　　the **excited** people　　興奮した人々

　　　the **broken** glass　　　壊されたグラス

　なお、自動詞の場合には、過去分詞が「完了」、現在分詞が「進行」の意味を持つ。例文で示すと、

　　　A fallen leaf（落ち葉＝落ち終わった葉）

　　　A falling leaf（宙に舞う葉＝落ちつつある葉）

4.　形容詞句を作って名詞を形容

　これまでの例示では、分詞が名詞の前に置かれていたが、実際には、次のように形容詞句をつくることが多い。

　　　I like a baby **sleeping in the cradle**.

　　　Look at that boy **running in the park**.

　　　I received a letter **written in English**.

　　　I like the pie **baked by my mother**.

分詞の位置ルール

　分詞（sleeping）が単独で名詞（baby）を形容するときは、その名詞の前に置かれる。

　分詞が前置詞句（in the cradle）と組んで名詞を形容するときは、その名詞の後に置かれる。

---

5. 補語の働きをする分詞

《 主格補語　SVC 》

　　　The birds are **singing**.

　singing は、動詞の意味をもつ形容詞として、小鳥がさえずる姿を表現している。

　これは、Ⅲの部「英語の時制」で説明した進行形の文と同じもの。

《 目的格補語　SVOC 》

　　　I saw him **running**.

　　　（私は、彼が走っているのを見た）

　分詞の running は、彼の様子を述べている。このように目的語の様子を述べる running（分詞）を目的格補語と呼ぶ。

2 動名詞の働き

　動名詞は、動詞の意味を持ちながら名詞の働きを分かち持つ詞。

　次のように、「〜すること」の意味を表す。

　　　I like **sleeping**. （眠ることが好きだ）

　　　I love **reading** a book. （本を読むことが大好きだ）

　名詞は文の構成要素である主語・目的語・補語になれるので、名詞の役割を持つ動名詞にも、次の5つの働きがある。

主語	**Working** is important.
補語	His hobby is **playing** the piano.
他動詞の目的語	I like **reading** comics.
前置詞の目的語	we use computer for **writing** letters.
複合名詞	a **dining** room.　食事をする部屋

　ここでの playing the piano は、動名詞で「ピアノを弾くこと」を表している。

　しかし、主語を His hobby から He に変えると、

　　　He is **playing** the piano.

　この playing は、進行形を表現する現在分詞となる。

5章　文をつなぐ接続詞

　接続詞とは、語と語、句と句、節と節をつなぐ役割をもつ品詞。

　英語の接続詞は、等位接続詞と従位接続詞とに大きく分けられる。

　等位接続詞は、対等な関係にあるものを結びつける接続詞。and　but　or　than などがある。

　一方、従位接続詞は、メインの文に、補足情報の節をつなぐための接続詞。

that　when　before　while　because　if などがある。

　いずれにせよ、これらを使いこなすことができないと、英文を階層的に広げることができない。

注1）疑問文を一つの部品として、メインの文に組み込むための「間接疑問文」は、この章で検討する。
　　2）ひとつのかたまりを作って、名詞を修飾する関係代名詞・関係副詞は、次章で検討する。

① 等位接続

まず、対等な関係で、語・句・節をつなぐ等位接続詞から始める。

1. 語・句の等位接続

She is small **and** very cute.

（彼女は小柄で、とてもキュートだ）

The car has a small **but** powerful engine.

（小さいけれど、強力なエンジンを積んでいる）

You **or** he has to go.

（君か、それとも彼が行かなくてはならない）

This is **more than** just a book.

（この本は、ただの本ではないよ）

重要●句と節の違い

英語では、単語の意味を広げるため、2つ以上の語をつなげることにより「意味のある1つのかたまり」をつくる。

この意味のかたまりの中に、主語・述語動詞を含んでいるものが「節」、含んでいないものが「句」である。

---

2. 節の等位接続

We arrived to the station **and** we got on a train for Tokyo.

(私たちは駅につき、そして東京行きの電車に乗った)

Come here, **and** you will see better.

(ここへいらっしゃい、

そうすれば、もっと良く見えますよ)

I love her, **but** she doesn't love me.

(私は彼女を愛しているが、彼女は私を愛していない)

He'll come to you **or** he'll call you.

(彼は君のところへ来るか、電話をするだろう)

Hurry, **or** you'll be late for school.

(急ぎなさい、さもないと学校に遅れますよ)

② 従位接続

1. 名詞節を導く従位接続

　名詞節とは、文の中で名詞の働きをする節で、主語、目的語、補語となる。

　まず、接続詞thatの用法から始める。

《　考えを述べる文　》

　　I think [that] you're right.

　　（あなたは正しいと、私は思います）

　　My teacher told me [that] I need to study harder.

　　（先生は、もっと勉強する必要があると私に言った）

《　原因や理由を述べる文を導く　》

　　I'm glad [that] you come.

　　（君が来てくれてうれしい）

《　that以下で、その直前の名詞の内容を述べる　》

　　There is a rumor that our teacher is leaving.

　　（私たちの先生が学校をやめるといううわさだ）

2. 名詞節になる間接疑問文

　英語では、疑問文をひとつの部品として、メインの文に組み込むことができる。

　そして、この部品（名詞節）を間接疑問文という。

《　be動詞の場合　》

　　　　I don't know.　（私は知りません）

　　　　What is this?　（これは何なのか？）

　　　　これらを1文にすると、

　　　　I don't know **what** this is.

　　　　（私は、これが何なのか知りません）

　通常の疑問文とは異なり、間接疑問文では「疑問詞＋主語＋be動詞」の語順になる。

《　一般動詞の場合　》

　　　　Please tell me　　　　（私に教えてください）

　　　　Where does he live?　（彼はどこに住んでいますか？）

　　　　これらを1文にすると、

　　　　Please tell me **where** he lives.

　　　　（彼がどこに住んでいるかを教えてください）

《 疑問詞が主語のとき 》

I don't know.

（私は知りません）

Who lives in this house?

（この家に住んでいるのは、誰ですか？）

これらを一文にすると、

I don't know **who** lives in this house.

（この家に住んでいるのが、誰かを知りません）

疑問詞が主語のときは、語順の入れ替えはない。

《 間接疑問文が補語のとき 》

The problem is how we finish this job.

（問題は、どうやってこの仕事を終えるかだ）

3. 副詞節を導く従位接続

　副詞節は、文中で副詞として働く。そのときの副詞のもつ意味は、様々であるので例文で示す。

《 時を表す接続詞 》

I'm happy when I'm with you.

（私は、あなたと一緒にいるときが幸せです）

While mother was cooking, I was watching TV.

（母が料理をしている間、私はTVを見ていた）

I'm going to go drinking **after** I finish work.

（仕事が終わった後、飲みに行く予定）

　仕事が終わるのも「未来のこと」だが、前後関係を明らかにするため現在形で表現している。

《　原因・理由を表す接続詞　》

I eat chocolate every day **because** I like it.

（チョコレートを毎日食べる、なぜなら、好きだから）

I like chocolate **so** I eat it every day.

（私はチョコレートが好きなので、毎日食べる）

《　条件を表す接続詞　》

Please read my book **if** you have time.

（もし、時間があれば、私の本を読んでください）

《　譲歩を表す接続詞　》

Never give up **even if** you sometimes make mistakes.

（たとえ、ミスをすることが時々あっても、決してあきらめるな）

❸ 会話をつなぐ便利な道具

　心が弾む会話をするためには、会話を自然につなぐための道具（決まったフレーズ）が必要となる。

　ここで、そのうちの3つを紹介する。

《　相手から「例え」を引き出したいとき　》

　友人から「ゲームに飽きたから何か違うことをしよう」と言われ、具体的に何をしたいかをたずねるとき。

　　　For example?

　　　（例えば、どんなことがしたいですか）

《　「もしそうなった場合には…」と言いたいとき　》

　河原でバーベキューを計画していたが、明日は雨の予報、そこで、次の表現となる。

　　　In that case, we can eat at home.

　　　（もしそうなった場合には、家で食べようよ）

《　少し関連した話を切り出したいとき　》

　新任教師のことが、急に気になった。そこで「…と言えば」の気持ちで、話題をずらしたいとき。

　　　Oh, **by the way,** what do you think of new teacher?

　　　（ところで、新任教師のことどう思いますか）

6章　関係代名詞・関係副詞

　関係代名詞の目的は、文の中に出てきた重要な名詞をタイムリーに説明すること。

　例えば、I respect **the people** who work hard.
（私は、そのような人々を尊敬する…それは、一生懸命働く人）

　ところで、関係代名詞が日本語に存在しないことと、日本人は、その必要性をあまり感じていないため、理解するのに困難が伴う。

　そこで、関係代名詞を理解するために、次のことを知ることから始める。
◆ 関係代名詞の目的は、名詞（先行詞）を説明するために形容詞節をつくる。
◆ 関係代名詞節には、【主語空所】と【目的語空所】があるため、文としては不完全な形をしている。
◆ そして、この空所を「英語がもつ独特なシステム」と割り切ることが、理解への近道となる。

1 関係代名詞

1. 人を説明するケース

   I have a friend.

     He lives in Japan.

この2つの文を1つにすると、

   I have a friend **who**【主語空所】lives in Japan.

このとき、接続詞と代名詞（He）の働きをしているwho
が関係代名詞と呼ばれる。

 そして「彼の奥さんは、かわいいです」を関係代名詞節
で表現すると、

   I have a friend **whose wife** is cute.

 さらに「私は彼のことが好きです」を関係代名詞節にす
ると、

   I have a friend［**that**］I like【目的語空所】.

 関係代名詞は、このように接続詞の働きと、代名詞とし
ての働きをしている。

 ここでは、それを理解しやすくするために、あえて、文
の中に【主語空所】と【目的語空所】を挿入している。

 また、［that］は、通常省略される。

2. モノを説明するケース

This is the book.

　　　This book is interesting.

この2つの文を1つにすると。

This is the book **that**【主語空所】is interesting.

そして、図書館から借りた本であることを関係代名詞にすると、

This is the book ［**that**］I borrowed【目的語空所】from the library.

さらに、そのテーマがSDGsである場合、それを関係代名詞にすると、

This is the book **whose subject** is SDGs.

3.　whatの用法

今度は、ちょっと変わった関係代名詞whatを紹介する。

例文で示すと、

お金を使い過ぎた友人が「お金を節約しなくちゃ」と言うので「だから私は、そう言っているでしょ」との気持ちを伝える場合…

That's **what I'm saying**.

「私が欲しいものは自由だ」と言いたい場合…

What I want is freedom.

このwhat用法の特徴は、説明の対象である先行詞が隠れてしまって表面に出てこないことにある。

つまり「what = the thing that」のルールがあるので、「what」だけになっている。

この結果、このwhatは、形容詞節ではなく、文の中で名詞節として働いている。

❷ 関係副詞

　関係副詞は、関係代名詞と同じように、直前の名詞（先行詞）を詳しく説明するために形容詞節をつくる。

　そして、where　when　why　howが副詞の働きをしながら、名詞を説明する節を導くため関係副詞と呼ばれる。

　なお、関係副詞は「先行詞と関係副詞の組み合わせ」が決まっていて、関係代名詞のような「空所」はない。

　例文で示すと、

　　This is **the house where** I was born.
　　（ここが、私が生まれた家です）

　　Autumn is **the season when** school festivals are held.
　　（秋は、学園祭が行われる季節です）

　　This is **the reason why** I study English.
　　（これが、私が英語を勉強する理由です）

　　This is **the way** I do.
　　（これが、私のやり方です）
注）この場合、the wayかhowのいずれかでOK。

最後に、文を結びつける接続詞の役割を体系的に整理する。

種　類	名詞節として、文をつなげる	形容詞節として、先行詞を説明	副詞節の役割をする
対等な関係でつながる等位接続詞	○		
名詞節を導く従位接続詞	○		
名詞節になる間接疑問文	○		
副詞節を導く従位接続詞			○
関係代名詞		○	
関係代名詞の what	○		
関係副詞		○	

Ⅳの部　了

Vの部

その他の重要事項

本の構成上、これまで取り上げてこなかった事項、すなわち、される文、比較表現、命令文、感嘆文、話法、仮定法（現実とは違うことを語る）、分詞構文を理解する。

（プロローグより転記）

1章　される文

　話題の主役を何にするかにより、文は「する文」と「される文」との2つに分けることができる。

　する文とは、通常の文のこと。

　　Helen broke **the little doll**.

　　（ヘレンは、その小さな人形を壊した）

　一方、される文とは、「する文の目的語」が主語の位置に置かれる文をいう。

　　The little doll was broken by Helen.

　　（その小さな人形は、ヘレンによって壊された）

　このように、される文は、次の形で表現される。
「される側」＋「be動詞＋過去分詞」＋by「する側」

　この章では、される文の作り方と、それが使われるパターンを理解する。

1 される文の作り方

ネイティブが、通常文から「される文」を作ることはありえない。

だが、される文を理解するために、そのプロセスを確認する。

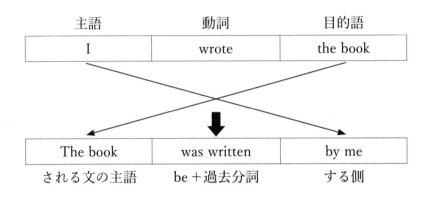

（作り方）

◆ する文の目的語を「される文の主語」にする。

◆ 述語動詞を「be＋過去分詞」にする。

◆ する文の主語は、byを付けて最後に置かれる。

なお、される文は、動作を受ける側が話題の中心となるためか、「する側」が省略されることも多い。

❷ される文が使われるパターン

　このように同じ内容の文を「する文」でも「される文」でも表現することができる。

　では、どのようなときに、される文が使われるのかを確認する。

1.　動作を受ける側にスポットを当てたいとき

　　　Picasso is known to everybody.

　　　（ピカソを誰もが知っている）

　　　This book was written by me.

　　　（この本は、私が書いた）

　　　Mt. Fuji is covered with snow.

　　　（富士山は、雪でおおわれている）

　このように動作を受ける側に興味や関心がもたれると、される文が使われる。

2. 動作をする側を表す必要がないとき

それは、動作する側が、はっきりしていて、あえて、表す必要がない。

または、動作する側が誰（または何）なのか、はっきり分からないときにも使われる。

I was born in 1951.

（1951年に生まれた）

English is spoken in America.

（英語はアメリカで使われている）

This pyramid was built about 4,500 years ago.

（このピラミッドは、4,500年前に造られた）

3. 感情を表すとき

I was surprised at the news.

（そのニュースに、おどろいた）

She was very pleased with the present.

（そのプレゼントに、彼女は大変喜んだ）

このように、驚く、喜ぶなど、人間の感情をあらわすときに、される文が使われる。

英語では、感情が動くのは、何かが心を動かしていると考える。ここでは、ニュースやプレゼントが心を動かしたことになる。

2章　比較表現

　2つ以上のものを比べる場合には、比較表現が必要となる。日常生活でも、2つ以上のものを比べて、その大小などを表現する機会が多い。

　形容詞・副詞には、原級・比較級・最上級の3つがあり、それを変化させることにより、次のような比較表現が可能となっている。

《　そのもののありさまを原級で表現する　》

　　The sun is **big**.

《　原級を使って比較する　》

　　The moon is **as attractive as** the sun.

《　比較級を使って比較する　》

　　The earth is **bigger than** the moon.

《　最上級を使って比較する　》

　　The sun is **the biggest** of the three.

　また、比較表現には、その応用として様々な使い方があるので、そのうちのいくつかを検討する。

❶ 比較表現の基本

比較表現は、「何と何」を「どんな点」から比べるかを決めることから始まる。

そして、「何と何」になれるのは、人だけでなく、ものを含めて、その範囲は広い。そのときの注意点は、「比較対象をそろえる」ことにある。

ここで、2つの文を合体させるための接着剤となる「as原級as」や「比較級than」を理解する。

1. 同等を示す比較表現（as原級as）

例えば、自分が彼と同じぐらい背が高いことを表現する文を作る場合、2つの文を結合することから始まる。

I am	tall	He is tall

I am	**as**	tall	**as**	He is
	追加する副詞		追加する接続詞	

（作り方）

◆ tallの前に「それと同じだけ高い」との意味で副詞asを加える。

◆ 原級（tall）をそのまま下ろす。

◆ 接続詞asで、次の文をつなげる。

2. 大小などの比較表現（比較級than）

　2つのうち、どちらが、どう優れているかを表現する場合に使われる。これも2つの文を結合することから始まる。

　　　　　　　　　　　追加する接続詞

（作り方）

◆ 原級を比較級に変化させる。

◆ 接続詞thanで、次の文をつなげる。

　なお、会話では、「than he is」を「than him」とすることも多い。

3.　一番を示す比較表現（the最上級）

　英語の最上級では、3つ（3人）以上を比べて、その中から【何が】【どんな点から】一番なのかを表す。

　例文で示すと、

《　be動詞　》

　　　　This tunnel is **the longest** in Japan.

　　　　（このトンネルは、日本で一番長い）

　　　　He is **the best swimmer** of us all.

　　　　（彼は私たちの中で、泳ぎが一番うまい）

　　　　Your work is **best**.

　　　　（君の作品が一番いい）

　　　　注）bestの後ろに名詞が来ない時は、ふつうtheをつ
　　　　　けない。

《　一般動詞　》

　　　　I like summer **the best** of all seasons.

　　　　（私はすべての季節の中で、夏が一番好きです）

　　　　I run **the fastest** in the class.

　　　　（私はクラスの中で、一番速く走ります）

4. 形容詞・副詞の比較変化

　形容詞や副詞の多くは、原級（辞典での見出し語の形）のほか、比較級（より～）、最上級（もっとも～）と変化する。

　主なものは規則的に変化する。それは「er　est型」と「more　most型」に大別される。

　一方、数は少ないが、不規則的に変化するものもある。

分　類	原　級	比較級	最上級
er est型	tall	taller	tallest
	fast	faster	fastest
more most型	beautiful	more beautiful	most beautiful
	difficult	more difficult	most difficult
不規則型	good	better	best
	well	better	best
	bad　badly	worse	worst

注）「er est型」か「more most型」かに迷ったら「more most型」を選択すれば、問題になることはない。

❷ 比較の応用

　これまでの説明で分かるように、比較表現の基本は、とてもシンプル。

　だが、その応用範囲は広く、様々な場面で使われている。

　　　Noting is worse than war.

　　　（戦争ほど悲惨なものはない）

　　　I need 3 **more** volunteers.

　　　（もう3名のボランティアが必要だ）

　　　We need to practice **harder**

　　　（より熱心に練習する必要がある）

　以下に、注意すべき点をまとめた。

1.　not as〜asの意味に注意

　　　I'm **not as** selfish **as** you.

　この文は「私は、利己主義の点で、あなたとイコールではない」との意味ではなく、「あなたは、私より利己主義だ」との意味を表している。内容的には、次の比較級と同じ意味になる。

　　　You are **more** selfish **than** me.

2. as〜asに名詞がサンドイッチされることも

I have as **many** friends as you.

このように名詞がサンドイッチされることがあるが、比較表現であるので、形容詞の「many」に重点が置かれている。

3. 最上級にtheがない？

定冠詞theがもつ「ひとつしかないものとの感覚」が、最上級には引き継がれている。

ところが、「theのない最上級」を見かけることがある。

例えば、

Which subject do you like best?

（あなたは、どの教科が一番好きですか）

I like English best.

（私は、英語が一番大好きです）

このようにtheが省略されることもあるので、そのパターンを整理する。

Be動詞文　　I am **the** fastest in my class.

一般動詞文　I run ［**the**］ fastest in my class.

上の文は、形容詞の最上級なので、theは省略できないが、下の文は、副詞の最上級なので、theを省略できる。

4. 比較級を用いた慣用表現

《 The比較級〜, the比較級〜 》

「あればあるほど、欲しくなる」などを表現できる。

The more we have, **the more** we want.

《 比較級and比較級 》

「就活が、ますます厳しくなっている」などを比較級で表現できる。

It's becoming **harder and harder** to get a job.

3章　命令文と感嘆文

　文の種類には、肯定文、否定文、疑問文、命令文、感嘆文の5つがある。

　この章では、最後に残った命令文と感嘆文を考える。

　命令文は、短い言葉ではあるが、これを使いこなせば、依頼、禁止命令や提案・勧誘などもできる。
　とくに、緊急時には、この命令文が役に立つ。

　すべてに関して言えることだが、言葉はシンプルなほど、良く伝わる。

1 命令文

1. 命令文について

「お静かに願います」を、英語でどう表現するか。

      Silence, please!   名詞だけで

      Be silent, please.   Be動詞＋形容詞

英語には、日本語の敬語に相当する言葉がないので、pleaseなどの「やわらかい表現」が加えられる。

そして、人に何かを勧めたり、頼んだりするときには、通常pleaseが使われる。

「どうぞ、お入りください」は　Please come in.

逆に、命令文が相手にとって好意的な内容である場合、pleaseは、いらない。

      Watch your step!　（足元に気をつけて！）

      Try it.　（おいしいから君も食べてみな）

では、命令文の否定形は、どう表現するか。

      Don't touch it.　 （それに触るな）

      Don't be so noisy.　 （そんなに騒ぐな）

一般動詞だけでなく、be動詞の場合も、同じくDon'tが使われる。

そして、Don't〜より強い命令表現もある。

　　　Never say never!

　　（ダメだって、絶対言うな）

こんな命令文もよく使われる。

　　　Do as I say.

　　（私の言う通りにしなさい）

2.　Let's文について

「Let's ＋動詞の原形」で、「〜しよう」という提案・勧誘を表現する。これは「Let us」の短縮形であるので、自分も参加することが前提の言い回しである。

　　　Let's dance!

　　　Let's talk!

このLet's文の否定形は、次のようになる。

　　　Let's not talk about that.

　　（それを話すことはやめよう）

3.　letを用いた命令文

　　　Let it ［him］ be.

　　（それをそのままに［彼をそっと］しておきなさい）

　　　Please, let me know.

　　（私に知らせてください）

② 感嘆文

1. 感動を伝えるとき

美しい花に出会ったとき、感動を普通の文で表現すると、

This flower is very beautiful.

しかし、英語には、感動した気持ちを表現する方法が用意されている。それが感嘆文で、2通りの方法がある。

What **a beautiful flower** this is!

How **beautiful** this flower is!

注1) 名詞が複数の場合は、「a」はいらない。

2)「主語＋動詞」が省略されることが多い。

2. WhatとHowの使い分け

◆ Whatは、ある状態にある名詞を強調するとき。

例　What beautiful **eyes**!　What a **view**!

◆ Howは、ある状態にある形容詞を強調するとき。

例　How **kind**!　How **lovely**!　How **big**!

3. 語順をまちがえると疑問文

How文の場合、主語と動詞の語順をまちがえると、感嘆文が疑問文になってしまう。

How tall your son **is**!　　感嘆文

How tall **is** your son?　　疑問文

（息子さんの背の高さは、どれくらいですか？）

4章　直接話法と間接話法

　誰かの発言内容を別の人に伝えることは、日常会話では
よくある。

　英語では、このときの情報伝達の方法が話法として体系
化されている。

　次の2つの文は、まったく同じ内容を表している。

　　　He said, "I like English."　　　　直接話法

　　　He said that he liked English.　　間接話法

　そして、この2つの文を比較すると、次のことが理解で
きる。

　上段の直接話法の文では、発言内容を、そのまま引用し
て伝えている。

　下段の間接話法の文では、発言の内容を伝達者（話し手）
の視点に立って言い直して相手に伝えている。

① 直接話法

例えば、Megがあなたに向かって「私は、あなたとお話ができて、とても楽しかったです」と言ったとする。

発言内容を、そのまま引用する直接話法では、次のようになる。

Meg said, "I'm happy to talk with you."

参考▷引用符

発言者の発言内容を引用符【 " " 】で囲む。

引用符の直前にコンマ【 , 】を置く。

ピリオド【 . 】までが、引用符の内側になる。

直接話法は、発言の内容が、その人の感情や意志を込めて、そのまま伝えられるので、新聞記事や小説のセリフなどで、よく使用される。

一方、会話では、"I'm happy〜"の「I」がMegなのか、伝達者のことなのか、混乱が生じることもある。

そのため、引用符を示すボディランゲージ（両手でピースサイン）が使われる。

なお、人差し指と中指をチョンチョンと2回曲げる動作は、皮肉やからかいなどの意味を込めて使われることもあるので注意する。

② 間接話法

　間接話法は、発言の内容を伝達者（話し手）の視点に立って言い直して相手に伝える。

　なお、伝達者は、発言者の意向をよく理解して組み立てなければならない。誤解をまねくことがあれば、それは、伝達者の責任でもある。

　ここで、理解を深めるために、次の文を直接話法から間接話法に書き換えてみる。

　　Meg said, "I'm happy to talk with you."

1.　人称代名詞の整理

　伝達者の視点で見れば、この「I」はMeg（she）のことを指し、「you」は伝達者である自分（me）のことを指す。

　そこで、人称代名詞を整理すると、

　Meg said [that] **she** is happy to talk with **me**.　となる。

2.　時制の一致

　今、伝達者が伝えようとしているのは、過去の話である。そして、Megの発言内容も、すでに過去のものとなっている。そこで、間接話法では、発言内容の時制と伝達動詞（said）の時制を一致させることが必要となる。

　これを踏まえて間接話法の文を完成させると、次のようになる。

　　Meg **said** [that] she **was** happy to talk with me.

3. 時・場所の副詞の置き換え

　間接話法では、人称代名詞以外にも、指示代名詞（this など）、時（today など）や場所（here など）を表す副詞も適切に置き換える必要がある。

《指示代名詞の例》

　　　Meg said, "I like **this** book."

　　　Meg said [that] she liked **that** book.

《副詞の例》

　　　Meg said, "I'm going [to go] to Tokyo Disney **today**."

　　　（今日、これからディズニーに行くところです）

　　　Meg said, she was going to Tokyo Disney **that day**.

4. 伝達動詞の選択

　伝えるべき相手が明示されているとき、間接話法では、「tell＋人」のパターンが好まれる。動詞tellには、具体的な相手にメッセージを渡すイメージがあるため。

　　He **said to** me, "I am a game changer."

　　He **told me** 「that」 he was a game changer.

　　（彼は私に、自分はゲームチェンジャーだと言った）

　なお、間接話法では、伝える内容や文の種類（疑問文、命令文など）により、sayやtell以外の伝達動詞も使われる。

　例えば、疑問文を直接話法から間接話法に換えるとき、疑問文のイメージを引き継ぐためにif文を使い、「ask＋人」の形にする。

　　Meg said to me, "**Are** you hungry?"

　　Meg asked me if **I** was hungry.

5章　現実とは違うことを語る

　英語には、「現実とは違う」ことを表すための「基本の型」が決められている。

　　　If I were you, I wouldn't do such a thing.

　　　（私なら、そんなことはしないでしょうね）

　このif節は「私があなたなら」という非現実的な内容になっている。

　これが「仮定法」と言われるものだ。

　話している人が「実際は、そうではない」との意識の下で、仮定法の文は組み立てられている。

　ネイティブが日常会話で仮定法を使う可能性は、決して少なくない。

　もし、君が使えれば、英語表現に深みを持たせることができる。

　少なくとも「仮定法を見分けるコツ」だけは、理解しておく必要がある。

❶ wishを使う仮定法 ·········

英語では、wishを使って、「〜だったらなぁ」との願望（仮定法）を簡単に表現することができる。

その文の基本形は、次の通り。

I wish ＋「I ＋動詞の過去形＋〜」

例文で確認しよう。

1. 一般動詞

I wish I **had** more money.

（もっと、お金があったらなぁ）

I wish I **could** speak English.

（英語が話せたらいいのになぁ）

I wish I **could**.

（行けたら、いいのだけど）

注）この仮定法は、相手の招待などを断る際に、よく使われる表現。

2. be動詞

I wish I **was** 30 years younger.

（30才若かったらなぁ）

I wish you **were** more open-minded.

（君がもっと広い心を持っていたらいいのになぁ）

3. 時制をずらす

ところで「時制」に着目すると、本来、現在形で述べなければならないことを意図的に過去形で表現している。

その理由は、現実と違うことを述べているため「現実との距離感」を出すために「時制を一つだけ過去の方向にずらす操作」が行われているためだ。

❷ if を伴う仮定法

1. 現在の事実に反することを表す仮定法過去

仮定を示す節	結論を示す節
If ＋主語 ＋過去形の動詞	主語＋ would など ＋原形動詞

If I **had** a lot of money, I **would** bay a yacht.
（もし、たくさんお金があったら、ヨットを買うのだけど）

仮定を示す節の内容は、現実的にありえないことなので、現実世界との距離を示すサインとして、動詞 have を「一つだけ過去の方向にずらす」操作が行われる。

また、結論を示す節では、自分の言いたい結論に従って、次の3つの中から一つを選ぶことになる。

日本語訳	助動詞の過去形
〜しているだろうに	would
〜できているだろうに	could
〜しているかもしれない	might

2.　過去の事実に反することを表す仮定法過去完了

仮定を示す節	結論を示す節
If＋主語 ＋過去完了形	主語＋would など ＋現在完了形

If I **had had** a lot of money, I would **have bought** a yacht.
（もし、たくさんお金があったとしたら、ヨットを買っていたのになぁ）

　仮定を示す節の動詞は、過去完了形（had had）にシフトしている。

　また、結論を示す節の動詞は、現在完了形（have bough）に変化している。

注）仮定法の名称は、if節の述語動詞の時制と同じになっている。整理すると次のようになる。

内　容	If節の動詞	仮定法の名称
現在の事実に反する	過去形	仮定法**過去**
過去の事実に反する	過去完了形	仮定法**過去完了**

3. 現実か、現実と違うのか

　ここで注意すべきことは、現実に起こる可能性のあるものを表す場合は、仮定法とは言わない。

　例えば、

　　If it rains tomorrow, I will stay home.

　　（もし明日、雨なら、家にいます）

　そして、最終的に、「現実か、現実と違うのか」を判断しているのは、話し手である。

　また、実現することを強く望む場合には、hope が使われる。

　　I hope for your quick recovery.

　　（一日も早い、ご回復を祈ります）

　　I'm hoping that you will be able to speak English.

　　（あなたが英語を話せるようになれる日を強く望んでいます）

6章　簡潔な分詞構文

　これまで、動詞と形容詞の働きを兼ねる現在分詞と過去分詞の用法を学んだ。

　この「分詞構文」も、分詞を使った用法の一つにすぎない。

　その目的は、分詞を中心とした分詞構文（＝副詞句）を作ることにより、簡潔な表現を目指している。

　例えば、Watching TV, I can't notice phone calls.

　（TVを観ていると、携帯電話のベルに気付かない）

　このWatching TVの部分が分詞構文にあたる。

　この分詞構文を会話で使用することはあまりないが、新聞の見出しなどで見かける表現でもある。

　ここでは、分詞構文の基本的な考え方と、それを使った慣用表現を理解する。

❶ 分詞構文の基本 ···

　ここで、分詞構文の基本を理解するために、副詞節を「分詞構文（＝副詞句）」に変えるプロセスを体験する。

1.　する文を変えてみる

　下記の「接続詞のある副詞節」を分詞構文に変える。

　　　Though he **works** hard, he is poor.

　　　（一生懸命働いているのに、彼は貧しい）

（作り方）

◆　節を句に変更するために「接続詞と主語」を除く。

◆　述語動詞を現在分詞に変える。

　すると、次のようになる。

　　　Working hard, he is poor.

2.　される文を変えてみる

　下記の「される文の副詞節」を分詞構文に変える。

As the letter **is written** in English, I can't read the letter.

（その手紙は、英語で書かれていたため、読むことができない）

（作り方）

◆　節を句に変更するために「接続詞と主語」を除く。

◆　述語動詞が「される形」であるので、過去分詞を引き継ぐ。

　すると、次のようになる。

　　　Written in English, I can't read the letter.

3. 分詞構文の否定形

文頭にNotをつければOK。

例文を示すと、

  Not having time, I didn't have breakfast.

  （時間がなかったので、朝食を食べなかった）

4. 起こった順番を明らかに

テレビを見ながら宿題をする人もいるかも知れないが、宿題とテレビとの順番を明らかにしたいとき、分詞構文では、どのように表現するのか。

通常の文では、その前後関係が次のようになる。

  Because I had finished my homework, I watched TV.

  （私は宿題が終わったので、テレビをみた）

分詞構文では、起こった順番を明らかにするために、先に起こったことを完了形にする。

  Having finished my homework, I watched TV.

❷ 発言態度を示す慣用表現

分詞構文（副詞句）には、話し手の発言態度を示すための慣用表現がある。

そのうちのいくつかを紹介する。

generally speaking　【意味】一般的に言えば

Generally speaking, Japanese people work hard.

（一般的に言えば、日本人は働きすぎ）

frankly speaking　【意味】率直に言えば

Frankly speaking, I don't agree with you.

（率直に言えば、私はあなたに賛成していません）

judging from〜　【意味】〜から判断すると

Judging from her age, she is very calm.

（年齢から判断すると、彼女は落ち着いている）

considering〜　【意味】〜を考慮すると

Considering her age, she looks young.

（年齢を考慮すると、彼女は若く見える）

Ⅴの部　了

▶ 著者紹介 ⋯⋯⋯⋯⋯⋯⋯⋯⋯⋯⋯⋯⋯⋯⋯⋯⋯⋯⋯⋯⋯⋯⋯⋯⋯

楠山 正典 （くすやま まさのり）

1951年生まれ

　公認会計士としての実務経験を活かし、様々な支援活動を体験しながら、子どもが感動する実用書の執筆活動に専念している。

　そのエッセンスは、物事をより深く理解することにより、自分に自信をもって生きていける力をつけることにある。

（略　歴）

1976年　公認会計士試験に合格、監査法人トーマツに入所。

1984年　特種情報処理技術者試験（通産省）に合格、都市銀行などのシステム監査を推進。

1992年　パートナーに就任、多くの上場会社などの監査責任者を担当（2012年退職）。

2001年から3年間　日本公認会計士協会（東京会）コンピュータ委員会の委員長などを歴任。

2009年から2年間　日本公認会計士協会の主査レビューアーとして、監査法人の監査業務を指導（2020年協会を退会）。

（著　書）

「ここから始まる算数の世界」　　　　　　　2020年

「ここから始まるマネーの世界」　　　　　　2021年

「ここから始まる仕事の世界」　　　　　　　2022年

「ここから始まるコミュニケーションの世界」　2023年

英語なんかこわくない

2024 年 2 月 1 日　　第 1 刷発行

著　　者 ─── 楠山正典
発　　行 ─── 日本橋出版
　　　　　　　〒 103-0023　東京都中央区日本橋本町 2-3-15
　　　　　　　https://nihonbashi-pub.co.jp/
　　　　　　　電話／03-6273-2638
発　　売 ─── 星雲社（共同出版社・流通責任出版社）
　　　　　　　〒 112-0005　東京都文京区水道 1-3-30
　　　　　　　電話／03-3868-3275